재미있는 일터 만들기

재미있는 일터 만들기

지은이 이관응
펴낸이 임상진
펴낸곳 (주)넥서스

초판 1쇄 발행 2008년 11월 25일
초판 8쇄 발행 2017년 4월 15일

출판신고 1992년 4월 3일 제311-2002-2호
10880 경기도 파주시 지목로 5
Tel (02)330-5500 Fax (02)330-5555

ISBN 978-89-91117-52-5 13320

저자와 출판사의 허락 없이 내용의 일부를 인용하거나
발췌하는 것을 금합니다.
저자와의 협의에 따라서 인지는 붙이지 않습니다.

가격은 뒤표지에 있습니다.
잘못 만들어진 책은 구입처에서 바꾸어 드립니다.

www.nexusbook.com
넥서스BIZ는 넥서스의 경제경영 브랜드입니다.

훌륭한 일터 구현을 위한 실천 가이드

Great Work Place

재미있는 일터 만들기

이관응 지음

넥서스BIZ

 머리말

    수백만 명의 사람들이 아침이 되면 피곤한 몸을 이끌고 일터로 향한다. 이들은 어떤 생각으로 자기 집 현관문을 열고 일터로 향하는 것일까? 만일 오늘도 자신이 좋아하는 상사가 기다리고 있고, 함께 재미있게 일할 수 있는 동료들이 기다리고 있다면 회사로 향하는 이들의 마음과 발걸음이 얼마나 가벼울까?

    포천Fortune지 선정 「가장 일하기 좋은 100대 기업100 Best Companies to Work For」에 2회 연속 1위에 선정된 컨테이너스토어Container Store의 직원들은, 여름 휴가철에 가족과 함께 휴양지로 휴가를 떠났어도 사흘쯤 지나면 회사의 동료와 상사가 자꾸 생각나서 빨리 회사로 돌아가고 싶은 충동을 느낀다고 한다. 이런 회사에 근무하는 구성원들은 아침이 되면 빨리 회사에 나가고 싶은 충동을 느낀다. 이처럼 재미있는 일터는 무엇보다도 구성원들의 아침 발길을 가볍게 한다.

    그렇다면 재미있는 일터를 만드는 것은 누구의 책임인가? 재미있는 일터를 만들기 위해서는 무엇보다도 조직을 책임지고 있는 팀장과 임원 그리고 최고경영자가, 구성원들에게 재미있게 일하라고 말하기 전에 스스로 그런 환경을 조성하기 위해 혼신의 노력을 다해야 한다. 리더는 솔선수범을 바탕으로 구성원들의 자발적 참여를 장려하는 가운데 자신의 조직을 재미있는 일터로 만들어야 한다. 그런 의미에서 재미있는 일터를 만드는 것은 리더의 책임이다.

    재미있는 일터는 단순히 재미있게 하루를 보내다가 퇴근하는 그런 회사가 아니다. 조직의 목표를 달성하기 위해 상사와 부하 직원이 한마음이 되어 서로 격려하면서 협력하는 가운데 일하는 재미를 느끼는 곳이다. 마찬가지로 동료들 간에도 서로 관심을 갖고 서로를 배려하면서 내가 무엇을 도와줄까를 먼저 생각하는 일터이다. 이런 곳에서는 구성원들 간의 협력이 자연스럽게 문화로 정착되어 있다.

2001년 5월, 처음 이 책을 출판한 이래 많은 기업의 임직원들로부터 깊은 관심과 좋은 반응을 얻었던 것은 재미있는 일터를 만들고자 하는 사회적 관심에서 비롯되었다고 생각한다. 필자는 지난 7년간 GWP Great Workplace상으로 알려진 「대한민국 훌륭한 일터」 시상을 심사하고 주관하는 가운데 현장에서 축적된 사례를 추가하여 새롭게 개정판을 저술하게 되었다. 개정판에서는 기존의 독자들도 다시 읽을 수 있도록 전체적인 틀을 실천 중심으로 재구성하고 각 장마다 실천하기 위해 해야 할 가장 중요한 활동들을 앞부분에 배치하여 실용성을 높이고자 하였다.

이 책은 한마디로 이론서가 아닌 현장 실천을 위한 가이드북 guide book의 성격을 지니고 있다. 이 책에 나와 있는 다양한 사례와 제안은, 좋다는 생각을 넘어 실천으로 이어질 때 비로소 그 힘을 발휘할 수 있다. 따라서 이 책은 크고 작은 현장을 책임지고 있는 다양한 계층의 리더들이 재미있는 일터를 만들어 가는 데 도움이 되었으면 하는 소망을 반영하는 것이기도 하다.

이런 소망이 독자들의 마음에 닿을 수 있도록 이 책의 기획과 편집 그리고 출판을 함께해 준 넥서스의 관계자 여러분들과 엘테크리더십개발원의 구성원들 모두에게 고마운 마음을 전하고 싶다.

엘테크리더십개발원 대표 이관응

차례

머리말

Part 1 재미있는 일터

- 12 재미있는 일터, 누구의 책임인가?
- 14 재미있는 일터의 의미
- 20 재미있는 일터와 리더십
- 23 리더의 자기 성찰에서 출발하라
- 33 재미있는 일터를 향한 리더의 명상

Part 2 재미있는 일터의 기초를 만들어라

- 36 기초를 튼튼히 해야 하는 이유
- 38 재미있는 일터를 향한 리더의 첫 번째 선언문
- 42 **액션 아이디어 1** 꿈이 있는 부서를 만들어라
- 44 **액션 아이디어 2** 부서의 행동 규범을 만들어라
- 46 **액션 아이디어 3** 손을 잡고 마음을 움직여라
- 49 재미있는 일터를 향한 리더의 명상

Part 3 일터의 환경을 새롭게 가꾸어라

- 52 환경을 새롭게 가꾸는 이유
- 54 재미있는 일터를 향한 리더의 두 번째 선언문
- 56 **액션 아이디어 4** 구성원들의 사진으로 파티션을 장식하라
- 57 **액션 아이디어 5** 책상을 창의적으로 가꾸어라

60	액션 아이디어 6	계절이 바뀔 때 부서 분위기를 바꾸어라
62	액션 아이디어 7	장미꽃을 한 송이씩 올려놓아라
63	액션 아이디어 8	개개인의 책상을 특별하게 꾸며라
64	액션 아이디어 9	신입 사원의 책상을 특별하게 꾸며라
66	액션 아이디어 10	전배 사원의 책상을 특별하게 꾸며라
67	액션 아이디어 11	국경일을 활용하라
68	액션 아이디어 12	작은 깃발의 신비를 활용하라
70	액션 아이디어 13	작은 곰과 함께 생활하라
72	액션 아이디어 14	작은 조각과 소품을 활용하라
73	액션 아이디어 15	격려 메시지를 활용하라
74	액션 아이디어 16	생일을 맞은 구성원의 책상을 특별하게 꾸며라
77	재미있는 일터를 향한 리더의 명상	

Part 4 재미있는 회의, 생산적인 회의가 되도록 하라

80	회의를 재미있게 진행해야 하는 이유	
84	재미있는 일터를 향한 리더의 세 번째 선언문	
89	액션 아이디어 17	자기 부서만의 고유한 회의 규범을 만들어라
90	액션 아이디어 18	회의장 분위기를 창의적으로 가꾸어라
91	액션 아이디어 19	5분 비디오를 활용하라
93	액션 아이디어 20	3분 레고 게임을 활용하라
94	액션 아이디어 21	4단 시사 만화를 활용하라
96	액션 아이디어 22	수수깡을 활용하라
97	액션 아이디어 23	눈 가면을 활용하라
99	액션 아이디어 24	인물 가면을 활용하라
101	액션 아이디어 25	어렸을 때의 사진을 활용하라
102	액션 아이디어 26	혁신 사탕과 초콜릿을 이용하라
104	액션 아이디어 27	회의 시 칭찬과 감사를 잊지 마라
105	액션 아이디어 28	리더는 부하 직원들의 이야기를 많이 들어라
107	액션 아이디어 29	3분 사례 발표나 표창을 생활화하라

- 108 액션 아이디어 30 곤혹스러운 질문에 감사하라
- 110 액션 아이디어 31 작은 컬러 용지를 피드백 용지로 활용하라
- 111 액션 아이디어 32 회의를 마치는 의식을 만들어라
- 112 액션 아이디어 33 구성원들을 이해하기 위해 노력하라
- 115 재미있는 일터를 향한 리더의 명상

Part 5 팀에 활력을 불어넣어라

- 118 팀의 활력을 외치는 이유
- 121 재미있는 일터를 향한 리더의 네 번째 선언문
- 125 액션 아이디어 34 구성원들의 사진을 자신의 책상에 붙여 놓아라
- 126 액션 아이디어 35 이메일과 유머를 활용하라
- 127 액션 아이디어 36 상호 이해를 증진시켜라
- 128 액션 아이디어 37 먼저 부족함을 고백하라
- 129 액션 아이디어 38 구성원의 행동 스타일을 이해하라
- 131 액션 아이디어 39 부서의 가족 공동체를 선언하라
- 132 액션 아이디어 40 도움말 카드를 주고받아라
- 134 액션 아이디어 41 감사 카드를 생활화하라
- 136 액션 아이디어 42 다 함께 서로 격려하는 릴레이를 하라
- 137 액션 아이디어 43 음료수에 깃든 정성으로 활력을 불어넣어라
- 138 액션 아이디어 44 팀 스피리트 표어와 포스터를 제작하라
- 140 액션 아이디어 45 팀 감정 지수 차트를 활용하라
- 141 액션 아이디어 46 도움에 감사하는 특별한 방법을 개발하라
- 143 액션 아이디어 47 세상을 멈추고 명상의 시간을 가져라
- 145 재미있는 일터를 향한 리더의 명상

Part 6 일터의 커뮤니케이션을 활성화시켜라

- 148 커뮤니케이션에 생명을 불어넣어야 하는 이유
- 152 재미있는 일터를 향한 리더의 다섯 번째 선언문

156 액션 아이디어 48 긍정적인 언어를 사용하라
160 액션 아이디어 49 커뮤니케이션 원칙을 명료화하라
161 액션 아이디어 50 'No'라는 말을 없애라
162 액션 아이디어 51 창의적으로 표현하라
164 액션 아이디어 52 재미있는 표현을 사용하라
167 액션 아이디어 53 업무 자료에 달콤한 사탕을 사용하라
168 액션 아이디어 54 정보 공유 마일리지를 활용하라
171 재미있는 일터를 향한 리더의 명상

Part 7 일터에 축하 활동이 넘치게 하라

174 일터에 축하 활동이 많아야 하는 이유
176 재미있는 일터를 향한 리더의 여섯 번째 선언문
180 액션 아이디어 55 쿠폰 활용으로 축하의 의미를 배가시켜라
183 액션 아이디어 56 생일을 특별한 날로 기억할 수 있게 하라
184 액션 아이디어 57 월급날에 특별한 관심을 표하라
186 액션 아이디어 58 악수하는 날을 정하라
187 액션 아이디어 59 부하 직원의 날을 제정하라
189 액션 아이디어 60 상사의 날을 제정하라
190 액션 아이디어 61 출장자를 특별하게 대해 주라
191 액션 아이디어 62 업무 성과를 특별하게 축하하라
193 액션 아이디어 63 새로운 구성원을 특별한 방법으로 축하해 주라
195 액션 아이디어 64 창사 기념일을 특별하게 축하하라
198 액션 아이디어 65 부서 타임캡슐을 활용하라
200 액션 아이디어 66 승진과 승격을 특별하게 축하하라
201 액션 아이디어 67 칭찬하는 날을 제정하라
203 재미있는 일터를 향한 리더의 명상

맺음말

Part 1

재미있는 일터

아침이 되면 설레는 마음으로 달려가고 싶은 그런 일터는 없는가? 출근길에 상사와 동료의 얼굴이 떠오르면서 오늘 하루가 또 기대되는 그런 일터는 없는가?

재미있는 일터,
누구의 책임인가?

대부분의 팀장과 임원은 자신에게 부여된 책임을 다하고자 하는 욕구가 있으며, 이런 욕구는 대체로 일의 성취로 나타난다. 일을 제대로 하지 못하는 팀장과 임원에 대해서는 가혹한 인사 평가와 그에 상응하는 조치가 따른다. 그래서 팀장과 임원은 무슨 수를 써서라도 주어진 과제를 잘 수행하고자 한다.

그러나 팀장이 팀의 목표를 완수했다고 해도, 또 탁월하게 목표를 달성했다고 하더라도, 과제를 수행하는 과정에서 목표 달성에 참여한 구성원들이 스트레스를 받고 불만이 많았다면 구성원들의 행동은 수동적으로 바뀌게 된다. 그렇게 되면 팀장은 구성원들이 일을 시키지 않으면 움직이지 않는다고 생각하여 구성원들에게 더 많이 지시하고 통제를 하게 된다. 팀장과 구성원들 간에 이런 관계가 지속되면 결국 팀은 활력을 잃게 된다. 팀장은 구성원들을 보고 수동적이고, 이기적이며, 책임감이 없다는 생각을 갖는다. 반면에 구성원들은 상사인 팀장이 늘 자기중심적으로 지시하고 도와주는 척 생색만 낸다는 느낌을 갖게 된다. 이처럼 팀장은 구성원들이 불만스럽고, 구성원들은 팀장이 불만스럽게 되면서 일터는 점점 힘들고 지겨운 곳으로 변해 간다. 결과적으로 팀장과 구성원들 간에는 갈등이 높아지면서 조직 내 불신이 만연하게 된다.

팀이 이런 모습이 되면 구성원들은 팀장이 뭐라 하든 내 할 일만 하면 된다고 생각하기 때문에 팀 내 구성원들 간의 상호 관심과 배려 그리고 협력은 먼 나라의 이야기가 된다. 결국 상호 간의 불신이 커지면서 '우리는 하나'라는 공동체 의식이 점점 줄어든다. 한마디로 재미없는 일터가 조직 문화로 자리 잡게 된다.

그렇다면 이런 현상은 누구의 책임인가? 구성원들이 이기적이고 수동적이기 때문인가? 아니면 팀의 분위기를 그렇게 이끌거나 방치한 팀장의 책임인가? 이것은 상하 간의 공동 책임이라고 말하기 전에 팀장의 리더십 위기를 반영한다. 만일 다수의 구성원들이 상사로부터 스트레스를 받아 이기적이고 수동적으로 변했다면, 그 책임은 리더십 부재를 야기한 팀장에게 있다. 그러나 팀장의 리더십이 제대로 발휘된다면, 구성원들이 쉽고 재미있게 일하면서 성취감과 보람을 느낄 것이다.

재미있는 일터의
의미

구성원들이 아침에 눈만 뜨면 설레는 마음으로 빨리 달려가고 싶은 일터는 없을까? 날마다 반복되는 업무지만 보다 즐거운 마음으로 임할 수 있는 부서와 회사는 없을까? 심지어 힘든 과제라도 노래를 부르며 춤을 추듯이 밝고 즐거운 마음으로 함께 일할 수 있는 회사는 없을까? 구성원들이 직무와 직급에 관계없이 서로 편안한 마음으로 대하고, 하나라도 더 도와주려고 애쓰는 그런 회사는 없을까? 상하 간에도 항상 칭찬과 격려 그리고 이해와 협력이 넘치는 그런 회사는 없을까? 이러한 회사는 결코 상상 속에만 존재하는 것이 아니다. 컨테이너 스토어Container Store, 사우스웨스트 항공Southwest Airlines, 티디 인더스트리TD Industries, 시노버스 파이낸셜 Synovus Financial 등 포천지 선정 「가장 일하기 좋은 100대 기업」을 보면 구성원들이 즐거운 마음으로 서로 협력하면서 어렵고 힘든 과제를 열심히 수행하고 있다. 이들 기업의 구성원들에게 일이란 힘들고 지겨운 과제가 아니라 즐거움과 삶의 의미를 느낄 수 있는 활동이다. 그래서 이들 기업의 구성원들에게 회사란 항상 특별한 의미를 지닌다.

재미있는 일터란 구성원들이 일하는 재미를 느낄 수 있는 부서와 회사를 의미한다. 같은 일이라도 즐거운 마음으로 할 때, 구성원들은 자기 일에 더욱 몰입하고 헌신한다. 재미있게 일하는 곳일수록 상하 간은 물론 구성원들 간의 협력 수준이 높다. 또한 재미있게 일하는 곳일수록 구성원들은 자신의 업무, 자신의 부서, 그리고 자기 회사에 대한 자부심과 주인 의식이 높다. 이러한 곳에서는 구성원들이 즐거운 마음으로 일하기 때문에 개인과 조직의 성과도 높게 나타난다.

재미있는 일터는 기본적으로 상사와 구성원과의 관계가 남다르고, 구성원들 간의 관계도 남다르다. 부서 내에서 상하 간은 물론 동료들 간에 서로 배려하는 마음이 하나의 문화로 정착되어 있다. 함께 일하는 과정에서 상사는 구성원을 배려하고, 구성원은 상사의 어려움을 이해하고 있다. 또한 함께 일하는 동료들 간에도 서로에 대한 배려를 바탕으로 상대방의 일에 대한 협력을 생활화하고 있다. 이처럼 배려와 협력은 공동체 의식으로 이어지면서 일터의 재미를 더하고 있다.

「가장 일하기 좋은 100대 기업」에서 보듯이 재미있는 일터는 다음과 같은 특징이 있다.

첫째, 일터에서 재미를 강조하는 것은 새로운 경영 추세이다.

포천지가 매년 1월호 특집으로 발표하고 있는「가장 일하기 좋은

100대 기업」의 공통된 특징이 재미있는 일터이다. 구글Google, 사우스웨스트 항공, 컨테이너 스토어, 시노버스 파이낸셜, 퀀텀Quantum, 티디 인더스트리 등 「가장 일하기 좋은 100대 기업」들은 한결같이 재미있는 일터를 강조하고 있다.

이들 기업에서 일이란 힘들고 지겨운 것이 아니라 동료들과 함께 삶의 의미를 깨달아 가는 재미있는 활동이다. 중앙일보와 GWP Korea가 「대한민국 훌륭한 일터」로 선정한 국내 기업들도 재미있는 일터 구현을 위해 다양한 노력을 전개하고 있다.

둘째, 재미있는 일터는 고(高)성과 조직의 공통된 특징이다.
구성원들이 자기 일터에서 일하는 재미를 느낄 때 업무 효율, 생산성, 고객 만족, 창의성, 도전 정신이 높게 나타난다. 구성원들이 날마다 반복되는 일을 보다 재미있게 할 때, 생산성과 고객 서비스의 질이 높아진다. 또한 함께 일하는 구성원들 간에 일하는 재미가 높을수록 서로 간의 협력 수준이 높아져 개인과 조직의 성과가 높게 나타난다. 실제로 사우스웨스트 항공, 시노버스 파이낸셜과 같은 서비스 업체는 물론이고, 퀀텀, 구글, 인텔Intel 등 기술 중심의 회사와 제조업체들도 고성과 조직을 구현하고 있는데, 이들 기업에서 일터의 재미는 기업 문화로 정착되어 있다.

셋째, 재미있는 일터는 구성원들의 몰입과 헌신을 촉진한다.

「가장 일하기 좋은 100대 기업」의 하나인 사우스웨스트 항공에서는 항상 웃음과 유머가 넘친다. 그만큼 구성원들은 자기 일을 재미있게 한다. 이들은 일이 재미있기 때문에 누가 시키지 않아도 스스로 열심히 일한다. 그래서 이 회사의 일인당 화물 처리 건수나 티켓 처리 건수는 다른 일반 항공사에 비해 훨씬 높다. 또한 사우스웨스트 항공은 연휴나 공휴일에 누가 나와 일을 할 것인가를 고민하지 않는다. 이 회사에는 서로 도와주며 협력하고 먼저 배려하는 문화가 정착되어 있기 때문에 구성원들은 상사가 시키지 않아도 스스로 즐거운 마음으로 연휴 업무를 지원한다. 연휴가 되면 다른 항공사들이 업무 조정 때문에 골치를 앓는 것과는 사뭇 대조적이다. 이처럼 구성원들은 함께 일하는 재미를 느낄수록 더 열심히 일한다.

재미있는 일터의 구성원들은 자기 일을 열심히 하는 것에서 그치지 않고 상대방의 일에도 적극적으로 나서서 돕는다. 그들은 다른 구성원들을 돕기 위해 기꺼이 자신의 시간과 노력을 할애한다. 이러한 구성원들 사이에는 사랑이 깊이 뿌리내리고 있는데, 그 사랑은 다른 사람에 대한 관심과 배려, 그리고 자기가 맡은 일에 대한 몰입과 헌신으로 나타난다.

넷째, 재미있는 일터는 구성원들 간의 협력을 촉진한다.

일터에서 함께 일하는 것이 즐거울 때 서로 간의 협력 수준이 높아진다. 그러나 함께 일하는 것이 지겹거나 부담스럽다면 상호 간의 협력 수준도 낮아진다. 구성원들이 함께 일하는 것이 즐거울 때 서로에 대한 관심과 배려도 늘어난다. 상대방에 대한 관심과 배려는 서로 간의 협력을 촉진한다. 그래서 구성원들이 함께 일하는 재미를 느낄 때 자연스럽게 서로 간의 협력 수준도 높아진다. 상하 간은 물론 구성원들 간에도 함께 일하는 것 자체가 즐겁기 때문에 자발적으로 나서서 서로 돕고자 하는 경향을 보인다.

다섯째, 재미있는 일터는 활력이 넘친다.
구성원들이 재미있게 일을 할 때 부정적인 생각이나 행동보다는 긍정적인 생각과 행동이 앞서게 된다. 그래서 구성원들이 즐거운 마음으로 일을 할 때, 부서와 회사에 자연스럽게 활력이 넘친다. 활력이 넘치는 일터의 구성원들은 서로에 대한 격려와 칭찬이 많으며 보다 높은 업무 목표에 도전하려는 의지가 매우 강하다. 비록 힘들고 단조로운 일이라도 즐거운 마음으로 하는 것을 보면 이를 바라보는 다른 구성원들도 자연스럽게 활력이 넘친다.

여섯째, 재미있는 일터에서는 조직에 대한 구성원들의 로열티가 높다.
일하는 재미가 많은 조직일수록 구성원들의 조직에 대한 로열티가 높게 나타나, 구성원들은 조직의 방침에 대해 잘 이해하고 협조한다. 「가장 일하기 좋은 100대 기업」에 2000년과 2001년 연속 1위에 선정된 컨테이너 스토어를 직접 방문한 적이 있다. 그때 이 회사의 회장에게 포천지에 2년 연속 1위로 선정되었을 때 조직에 어떤 변화가 있었느냐고 물어 보았다. 그러자 회장은 헤드헌터들의 전화가 일년 내내 계속 이어졌다고 말하면서, 심지어 어떤 헤드헌터는 두 배의 연봉을 제시하기도 했지만 회사를 떠난 사람은 한 명도 없었다고 자랑스럽게 답변했다. 이처럼 회사가 일하기에 재미있는 곳일수록 조직에 대한 구성원들의 주인 의식과 애사심이 높아져 이직에 대한 유혹에 흔들리지 않는다.

그렇다면 리더는 어떻게 재미있는 일터를 만들 수 있는가? 재미있는 일터는 단지 사기를 높이는 교육이나 재미있는 활동만으로는 만들 수 없다. 리더가 자신의 조직을 재미있는 일터로 만들려면 무엇보다도 리더 자신이 누구이며 무엇을 해야 하는지를 깊이 성찰해 보아야 한다. 또한 리더는 조직의 구성원들이 누구이며 그들과 어떤 관계 속에서 업무를 추진해야 하는지 스스로 반문해 보아야 한다. 이처럼 리더는 자신과 부하 직원에 대한 새로운 인식을 바탕으로 관계의 질을 높일 수 있는 재미있는 활동들을 추구해야 한다. 리더의 자기 성찰 없는 액션은 모래 위에 지은 성에 지나지 않는다. 따라서 재미있는 일터를 향한 리더의 첫걸음은 리더로서 인식 체계를 재정립하는 것에서부터 시작해야 한다.

재미있는 일터와
리더십

리더는 구성원들과 함께 자신의 조직에서 부여한 목표를 달성할 의무가 있다. 목표를 달성하는 과정이 바로 리더십 발휘 과정이기도 하다. 그러나 리더가 목표를 어떤 식으로 달성하느냐에 따라 구성원들에게는 일터의 의미가 달라진다. 결국 재미있는 일터는 상사가 보여 주는 리더십이 남다르다. 상사는 구성원들이 쉽고 재미있게 일하면서 성취감을 느낄 수 있도록 할 때, 비로소 재미있는 일터를 만들어 가는 리더가 된다. 상사는 재미를 촉진하는 활동과 더불어 재미를 저해하는 요인을 제거하는 가운데 일터의 재미를 만들어야 한다. 결국 이러한 노력은 리더십 발휘 과정으로 나타나게 된다.

힘들게 일하는 구성원들에게 격려의 메시지를 보낸다거나, 어려운 과제를 말없이 잘 처리해 준 구성원들에게 칭찬 메시지를 보내는 것은 일터의 재미를 촉진하는 활동이다. 또한 리더가 자세를 낮추어 겸손한 자세로 구성원들을 대하는 것은 구성원들의 재미를 위협하는 요인을 제거하려는 노력이다.

재미를 촉진하는 활동이든 재미를 저해하는 요인을 제거하려는 노력이든 이 모든 것은 리더의 마음에서 출발한다. 결국 재미있는 일터는 구성원들이 쉽고 재미있게 일하면서 보람을 느낄 수 있도록 해야겠다는 리더의 마음과 그 마음을 지켜 가려는 의지에서 비롯된다.

그렇다면 재미있는 일터를 구현하는 리더는 무엇이 다른가?

첫째, 재미있는 일터의 리더는 목표 의식이 명확하다. 조직이 부여한 목표를 구성원들과 함께 달성해야 한다는 생각이 강하다. 리더는 성과에 대한 목표뿐만 아니라, 구성원들과 어떻게 일을 해야 하는지에 대한 목표 또한 명확하다. 즉 재미있는 일터의 리더는 구성원들이 쉽고 재미있게 일하면서 성취감을 느낄 수 있도록 해야 한다는 목표 의식이 명확하다.

둘째, 재미있는 일터의 리더는 겸손하다. 능력이 출중하고 구성원들보다 지위가 높고 더 많은 권한을 가지고 있지만 늘 자세를 낮추어 겸손하고자 노력한다. 그래서 이런 리더는 구성원들이 편안한 마음으로 다가와 솔직하게 대화할 수 있는 분위기를 조성한다. 재미있는 일터에서 상하 간 커뮤니케이션이 활발한 것은 리더의 이런 노력 때문이다.

리더가 겸손하려면 무엇보다도 인내심을 키워야 한다. 작고 사소하게 보이는 일이나 말도 참을성 있게 바라보고 들을 수 있어야 한다. 또한 구성원의 이기적인 말도 인내심을 갖고 끝까지 들으면서 구성원이 왜 그런 말을 하는지 생각할 수 있어야 한다. 구성원들의 생각을 깊이 이해해야만 비로소 그들을 도울 수 있는 방법이 떠오르기 마련이다. 리더가 급한 마음에 상대방을 대충 이해해서 자신의 생각을 바로 말한다면, 어떤 구성원이 자신의 솔직한 생각을 리더에게 말할 수 있겠는가? 결국 리더의 인내심이 그 리더를 겸손하게 만들고, 그 겸손함은 구성원들과의 심리적 벽을 허무는 데 기여하게 된다.

셋째, 재미있는 일터의 리더는 일관성이 있다. 리더가 구성원들을 대할 때, 열 번 겸손했더라도 한 번 자기 성질을 못 이기면 리더의 겸손함은 한순간에 무너진다. 리더는 자신의 생각과 행동에 일관성을 유지하기 위해 인내하고 또 인내하면서 끊임없이 자신을 성찰해야 한다. 설령 리더가 불가피하게 자기 성질을 못 이겨 일관성을 잃었더라도, 그 잘못을 솔직하게 시인하는 용기를 보여야 한다. 리더가 자신의 지나침을 인정할 때, 리더의 일관된 원칙이 다시 한번 확인될 수 있다.

결국 앞에서 지적한 리더의 자세는 구성원들과의 관계에서 신뢰를 축적하는 바탕이 된다. 이런 면에서 재미있는 일터는 리더가 끊임없이 자신의 생각과 행동을 뒤돌아보는 자기 성찰에서 시작해야 한다. 리더의 자기 성찰은 한 인간으로서 성숙의 깊이를 더해 가는 자기 수련 과정이기도 하다.

리더의 자기 성찰에서
출발하라

리더로서 재미있는 일터로 만들고자 하는 소망이 강렬한가? 자신의 일터를 일하기에 재미있는 곳으로 만들기 위해 어떤 어려움도 극복할 용기와 의지를 가지고 있는가? 그렇다면 이 책을 통해 가장 훌륭한 리더로 거듭날 수 있다. 자신의 일터에 대한 열정과 소망 없이 성공한 사람은 단 한 사람도 없다. 만일 리더 자신이 자신의 일터를 가장 재미있는 곳으로 만들고 싶은 열정과 소망이 없다면 이 책을 덮어야 한다. 그리고 그러한 열정과 소망이 용솟음칠 때까지 기다려야 한다. 자신의 일터를 향한 열정과 소망이 강렬하다면, 지금 이 순간 리더로서 재미있는 일터를 만들겠다는 다짐을 해야 한다. 한 번의 다짐으로는 부족하다. 리더는 날마다 자신의 일터를 재미있는 곳으로 만들겠다는 다짐을 수없이 반복해야 한다. 더 나아가 이 세상에 존재하는 모든 일터 중에서 가장 재미있는 곳으로 만들겠다는 원대한 꿈을 가져야 한다. 리더의 원대한 꿈과 다짐은 자신의 일터를 새로운 곳으로 가꾸는 원동력이다.

자신의 일터를 가장 재미있는 곳으로 만들기 위해 리더는 먼저 자신에 대한 인식을 새롭게 해야 한다. 리더로서 자신이 누구인가에 대한 인식의 전환 없이 재미있는 일터를 만들겠다는 것은 환상일 뿐이다. 그동안 신바람 나는 일터를 만들기 위한 숱한 노력들이 있었지만 대부분 실패로 끝났다. 그것은 활동을 이끌어 가는 리더가 자신에 대한 인식을 재정립하지 않은 상태에서 방법론에만 치우쳐, 잠시 반짝이다 사라지는 활동만 도입했기 때문이다. 이런 식의 활동은 리더와 구성원 모두에게 부담스러운 짐이 될 뿐, 결코 흥미진진한 모험이 되지 못한다.

리더로서 자신의 일터를 흥미진진한 곳으로 만들고 싶은가? 그렇다면 리더는 무엇보다도 먼저 자신이 누구인지 새롭게 인식해야 한다. 자신을 가장 솔직하게 돌아보고 자신의 생각과 행동에 대해 비판적인 반성을 할 수 있어야 한다. 리더의 생각과 행동을 바꾸지 않고 단순히 부하 직원들에게 좀 더 재미있게 일하라고 한다면 이는 말로만 농사를 짓는 것과 다름없다. 리더의 자기 성찰은 때로는 리더로서의 권위를 포기해야 하는 고독한 과정이다. 일터를 재미있는 곳으로 만들기 위해 리더는 먼저 그러한 일터를 가능하게 하는 자신의 모습이 어떤 것인지 깊이 성찰해야 한다. 리더로서 자신이 누구이며, 재미있는 일터를 만들기 위해 무엇을 해야 하는지, 그리고 어떤 리더의 모습을 보여야 하는지에 대한 깊은 이해가 필요하다.

그리고 이를 바탕으로 부하 직원에 대한 인식을 다시 정립해야 한다. 부하 직원이란 단순히 일을 시키는 대상이 아니다. 부하 직원들은 그들 스스로 성공하고 성장할 수 있는 권리를 가진 존엄한 존재다. 그리고 리더는 이러한 부하 직원들의 성공과 성장을 책임지고 도와주는 사람이다.

리더는 자신과 부하 직원에 대한 이러한 인식을 바탕으로 부하 직원과의 관계를 다시 설정해야 한다. 리더와 부하 직원의 관계를 지시와 수행 그리고 감독의 관계가 아닌 지원과 협력의 동반자 관계로 재정립해야 한다. 이를 위해 리더는 자신과 부하 직원이 함께 지켜야 할 가치와 행동 규범을 공유하고, 일관성 있게 이러한 가치와 행동 규범을 지켜야 한다. 리더가 재미있는 일터를 만들기 위해 새롭게 정립해야 할 인식 체계와 가치 체계는 다음과 같이 요약할 수 있다.

1) 재미있는 일터를 향한 리더의 자기 인식

재미있는 일터의 리더는 구성원들에게 비춰지는 모습이 기존의 리더와는 매우 다르다. 재미있는 일터의 리더는 구성원들에게 먼저 다가가 그들을 돕는 모습으로 비춰진다. 그렇기 때문에 리더와 구성원들 간의 심리적 거리가 거의 없다. 그래서 재미있는 일터의 구성원들은 언제라도 리더와 편안한 마음으로 대화할 수 있다. 구성원들은 일을 탁월하게 해냈을 때뿐만 아니라 리더가 기대하는 것을 잘 모르거나 실수를 했을 때에도 리더에게 편안하고 솔직하게 관련 사항을 물어보거나 협조를 구한다. 그렇다면 무엇이 이를 가능하게 하는가? 일하기에 재미있는 조직의 리더는 구성원들에게 봉사하고 헌신하는 사람이라는 인식을 가지고 있다. 실제로 훌륭한 리더는 구성원들을 돕고 전문적으로 지원하는 협력자 또는 코치로 부하 직원들에게 다가선다.

「가장 일하기 좋은 100대 기업」에서 보듯이 재미있는 일터의 리더는, 자신을 구성원들에게 봉사하고 헌신하는 서번트servant로 인식한다. 그리고 서번트의 자세와 행동을 보이기 위하여 노력한다. 이러한 리더는 항상 구성원들에게 원대한 꿈을 심어 준다. 그리고 부하 직원들이 꿈을 달성할 수 있도록 자신이 어떤 도움을 줄 수 있을지를 고민한다. 그렇기 때문에 이런 리더는 구성원들에게 서번트 정신을 바탕으로 조직을 이끌어 가는 사람으로 비춰진다. 여기서 서번트란 다른 사람에게 봉사하고 헌신하는 사람이다. 리더가 서번트의 모습을 보일수록 부하 직원들은 리더의 일에 더욱 협조적이다. 결과적으로 리더가 부하 직원들을 도울 때, 부하 직원들은 진심으로 리더를 따르며 조직의 목표를 달성하기 위해 기꺼이 협력하고 헌신한다.

재미있는 일터를 가꾸려면 리더가 무엇보다도 자신을 구성원들의 성공과 성장을 돕는 서번트로 인식해야 한다. 이를 위해 리더는 항상 자신이 부서 구성원들을 돕는 서번트라는 생각을 되새겨야 한다. 따라서 자신의 일터를 정말로 재미있는 곳으로 만들려면 리더는 하루에도 몇 번씩 자신이 과연 서번트 리더로 활동하고 있는지를 스스로 반문해야 한다.

2) 재미있는 일터를 향한 리더의 부하 직원 인식

리더가 부하 직원을 어떻게 바라보느냐에 따라 부서 문화가 영향을 받는다. 어떤 리더는 부하 직원을 부서 목표 달성을 위한 수단으로 생각한다. 이런 리더는 부하 직원이 일을 잘못 처리했을 때, 자신의 리더십에서 문제점을 찾기보다 부하 직원의 잘못을 지적하거나 질책하는 경우가 대부분이다. 즉 리더의 지시를 부하 직원이 제대로 수행하지 못했다는 생각이 지배적이다. 이런 리더는 부하 직원을 상사의 지시에 따라 상사가 원하는 방식으로 업무를 수행하는 사람으로 인식한다. 리더가 이처럼 자신은 지시하고 평가하는 사람이며, 부하 직원은 지시 받고 평가 받는 사람으로 인식하는 관리 형태를 반복하는 한 업무 분위기는 메마르고 황폐해질 수밖에 없다.

그러나 리더가 부하 직원을 성공과 성장의 대상으로 인식한다면 리더의 역할 자체가 달라진다. 자신이 맡고 있는 부하 직원들이 자신의 업무에서 성공하고 성장할 수 있도록 돕는 것이 지시나 평가보다 우선하게 된다. 이런 리더는 부하 직원 개개인의 효율을 높여 부서의 시너지 효과를 창출하는 리더이다. 그렇기 때문에 리더는 부하 직원이 자신의 일에서 부족하다고 판단되면 무엇보다도 그 부하 직원이 일을 잘 할 수 있도록 필요한 지원을 강화한다. 또한 이런 리더는 부하 직원이 실수를 하면 부하 직원을 질책하기 전에 자신이 어떤 도움을 덜 주었기 때문에 그런 일이 발생했는지를 먼저 고민한다. 한마디로 이런 리더는 부하 직원의 미흡한 점에 대해 자기 반성을 먼저 한다. 이런 리더를 가진 부서의 구성원들은 일하는 재미가 넘칠 수밖에 없다. 결국 일터의 재미는 부서를 책임지고 있는 리더가 부하 직원들을 어떤 시각으로 바라보느냐에 따라 결정된다.

따라서 재미있는 일터를 구현하려면 리더는 먼저 부하 직원에 대한 자신의 인식을 바꾸어야 한다. 부하 직원은 상사의 지시에 따라 시키는 일만 수행하는 사람이 아니라, 그 스스로 성공하고 성장해야 하는 존재이다. 업무에 대한 성공과 성장은 부하 직원의 권리이며 이를 돕는 것은 리더의 의무이다. 따라서 리더는 부하 직원이 성공과 성장의 대상임을 날마다 마음속에 새겨야 한다.

3) 재미있는 일터를 향한 리더의 관계 인식

대부분의 일터에서 관리자는 부하 직원들과의 관계를 상하 간의 관계로 인식한다. 관리자는 상사이고 구성원들은 부하 직원이라는 생각이 지배적이다. 그래서 상사는 일을 지시하고 부하 직원은 그 일을 수행하는 지시-통제의 관계로 굳어진다. 수직적인 지시와 통제를 중심으로 상하 간의 관계가 형성되면 일이 순조로울 때는 순풍에 돛단 듯이 잘 나간다. 그러나 작은 일 하나라도 잘못되면 지시-통제에서 비롯되는 속성이 그대로 나타나 상사는 부하 직원에게 큰 상처를

남기는 사람이 된다. 부하 직원의 일이 미흡하거나 업무에서 실수가 생길 때, 리더는 책임 소재를 따지며 부하 직원을 몰아붙이고 질책한다. 상사는 마음대로 성을 내고 부하 직원은 아닌 줄 알면서도 받아들이는 척해야 한다. 부하 직원들은 이런 일을 여러 번 당하게 되면, 조직의 목표를 생각하기보다 상사의 취향에 따라 일을 처리하는 습성이 생기게 된다. 작은 일도 상사의 눈치를 보면서 처리하며, 좋은 아이디어가 있어도 상사의 허락 없이는 실천하지 않게 된다. 이처럼 상사와 부하 직원과의 수직적 상하 관계가 굳어지면 부서 문화 자체가 경직된다. 경직된 일터에서는 구성원들이 서로 협력하고 배려하면서 헌신적으로 일하는 재미를 기대할 수 없다.

그러나 상사와 부하 직원 사이에 신뢰를 바탕으로 한 지원과 협력 관계가 유지되는 일터는 업무 분위기가 전혀 다르다. 실제로 「가장 일하기 좋은 100대 기업」을 보면 상하 간의 관계가 수직적인 지시-통제의 관계보다는 수평적 협력 관계를 유지하는 경우가 대부분이다. 이들 기업에서 관리자는 부하 직원에게 전문적인 지원을 제공하고 협력을 강화하는 서비스 제공자다. 「가장 일하기 좋은 100대 기업」의 하나인 킨코즈Kinko's는 관리자가 존재하는 유일한 이유는 부하 직원들이 업무를 추진하는 과정에서 직면하는 장애 요인을 제거해 주는 데 있다고 명시하고 있다. 이런 일터에서 관리자와 부하 직원 사이에는 수직적 지시-통제의 관계가 아닌 협력과 지원 관계가 형성된다. 바로 이런 기업이 재미있는 일터를 구현하고 있는 곳이다.

4) 재미있는 일터를 향한 리더의 가치 인식

스티븐 코비Steven Covey가 지적했듯이 신뢰는 모든 인간 관계의 기본이자 리더십의 기본이다. 부하 직원으로부터 신뢰를 받지 못하는 리더는 리더의 자격이 없다. 리더가 아무리 업무 목표를 그럴듯하게 달성한다고 해도 부하 직원으로부터 신뢰를 받지 못하면 관리 기능공에 지나지 않는다.

신뢰는 리더의 성공을 가늠하는 기준이다. 성공한 리더는 예외 없이 부하 직원들로부터 두터운 신뢰를 받고 있다. 신뢰는 개인과 조직의 성장과 번영을 위한 원동력이다. 상하 간의 신뢰가 두터울 때, 커뮤니케이션의 질이 높아진다. 부하 직원은 자신의 리더를 신뢰할 때, 가장 솔직하게 피드백을 주고받는다. 리더에 대한 신뢰가 두터울 때, 부하 직원들은 리더에게 비판적인 건의도 자연스럽게 한다. 이처럼 상하 간에 신뢰가 두터울 때, 일터의 커뮤니케이션이 솔직하고 활발해진다. 결국 커뮤니케이션의 질quality을 확보하려면 무엇보다도 상하 간에 신뢰가 두텁게 쌓여야 한다. 커뮤니케이션의 질이 높을 때, 상하 간은 물론 구성원들 간에 정보 공유의 질이 높아진다. 상하 간, 구성원들 간에 정보 공유의 질이 높아질 때, 업무 협력의 질 또한 높아진다. 업무 협력의 질이 높은 부서는 시너지 효과를 내어 조직의 목표를 기대 이상으로 달성해 가는 고성과 조직이 된다. 따라서 신뢰는 조직의 목표를 탁월하게 성취해 내는 데 필수적인 요건이다. 리더가 신뢰를 바탕으로 일관된 리더십을 실천해 보일 때 부하 직원들은 업무에 몰입하고 협력을 아끼지 않게 된다. 이러한 곳이 바로 일하는 재미가 넘치는 일터이다.

5) 재미있는 일터를 향한 리더의 행동 인식

일하는 재미가 넘치는 일터를 만들기 위해 리더는 무엇보다도 경청을 기본 행동으로 삼아야 한다. 경청이란 단순히 상대방의 말을 조용히 듣는 것을 의미하는 것이 아니다. 경청은 바로 상대방의 입장에서 듣고 상대방의 입장에서 문제를 바라보는 것을 의미한다. 많은 리더들이 유사 경청을 한다. 유사 경청이란 상대방의 말을 끝까지 인내하며 듣기는 하되, 자신의 입장에서 문제를 바라보고 해석하며 부하 직원들에게 설명하는 것을 의미한다. 경청하는 리더는 상대방과 다른 자신의 생각을 설명할 때도 자신의 입장에서 논리를 펴기보다 상대방의 입장에서 문제에 접근하기 위해 노력한다. 결국 누구의 입장에서 대화를 이끌어 가느냐 하는 것으로 경청하고 있는지 아닌지가 결정된다. 경청하는 리더가 되기 위해서는 먼저 날마다 명상을 할 필요가 있다. 조용히 자리에 앉아 자신의 말과 행동, 그리고 부하 직원들의 말을 되새기며 근본적인 것이 무엇인지를 깨달아야 한다.

상대방의 입장에서 듣고 이해하는 경청은 상대방과의 신뢰를 촉진하기 위한 것이다. 결국 리더는 부하 직원들로부터 신뢰를 얻으면 모든 것을 얻고, 신뢰를 잃으면 모든 것을 잃는다는 점을 명심해야 한다. 그래서 리더는 자신의 어떤 행동이 부하 직원들과의 관계에서 신뢰를 두텁게 하며, 또 어떤 행동이 신뢰를 위협하는지에 대한 지속적인 자기 성찰이 필요하다. 리더가 이러한 행동 원칙을 일관성 있게 유지할 때, 구성원들은 상사를 진심으로 따르면서 자기 일에 더욱 몰입한다.

재미있는 일터를 향한 리더의 명상

가장 먼저, 그리고 최고의 승리자가 되는 길은 자신을 극복하는 것이다.

- 플라톤 -

Part 2
재미있는 일터의 기초를 만들어라

모든 변화는 자신이 달성하고 싶은 꿈과 그 꿈을 향한 목표에서 시작한다. 팀장은 그러한 꿈과 목표를 구성원들과 공유하면서 변화를 시도해야 한다. 과연 자신이 맡고 있는 팀을 구성원들 간에 서로 이해하면서 재미있게 일하는 팀으로 만들겠다는 구체적인 꿈이 있는가? 또 그 꿈을 구성원들과 공유하고 있는가?

리더로서 자신의 부서를 이끌면서 어떤 행동 원칙을 일관성 있게 적용하고 있는가? 그리고 구성원들도 이 행동 원칙을 이해하고 자신의 생활에 적용하고 있는가?

기초를 튼튼히
해야 하는 이유

재미있는 일터를 만들려면 무엇보다도 기초가 튼튼해야 한다. 기초가 약하면 절대로 재미있는 일터가 될 수 없다. 일부 기업에서 팀장들이 이 책을 보고 반짝 아이디어로 일부 활동을 시도했다. 처음 반응은 구성원들이 재미있어 한다는 것이다. 그러나 3개월쯤 지났을 때, 이제는 구성원들이 식상해한다는 말을 들었다. 왜 이런 현상이 나타날까?

재미있는 일터의 가장 중요한 토대는 순발력 있는 반짝 아이디어가 아니다. 아이디어가 아무리 산뜻해도 한 번 적용하면 그 순간부터 낡은 것이 된다. 뿌리 깊은 나무는 바람에 흔들리지 않듯이, 팀장은 재미있는 일터의 철학과 비전을 명확히 하고 이를 공유하는 활동에 많은 투자를 해야 한다. 아름다운 세상을 만들어 가려면 구성원 모두가 공감하는 기초적인 규율이 있어야 하듯이, 재미있는 일터를 만들려면 그 기초를 튼튼하게 설정해야 한다. 이것은 건물을 높게 올리려고 기초가 깊고 튼튼해야 하는 것과 같은 이치다. 건물의 기초가 눈에 보이지 않듯이, 재미있는 일터의 기초도 눈에 띄지 않는다. 사우스웨스트 항공을 방문하면 회사의 어디를 가나 직원들의 유머와 웃음을 들을 수 있다. 구성원들이 웃음과 유머를 바탕으로 힘든 일도 재미있게 하는 것을 흔히 볼 수 있다. 그래서 방문객들은 이 회사의 모습을 보고 자기 회사에 돌아와서 유머와 웃음을 사용하라고 강조한다. 하지만 이렇게 재미있는 일터를 만들겠다며 시작한 노력은 한두 달이 채 지나지 않아 물거품이 되는 경우가 대부분이다. 일부 기업에서는 웃음 전문 강사나 유머 전문 강사를 초빙해 웃기는 이야기나 유머 몇 개를 들려주고 웃으면서 일하라고 하는 우스꽝스러운 상황도 흔히 볼 수 있다. 이런 기업이나 리더들은 한마디로 재미있는 일터가 무엇인지 모르는 기업이고 리더이다.

  멀리서도 모든 사람들이 볼 수 있도록 건물을 높게 올리려면 그 기초를 깊게 파야 하듯이, 진정한 의미에서 재미있는 일터를 만들려면 그 기초가 무엇인지 고민해야 한다. 재미있는 일터의 기초는 팀 내에서의 상대방에 대한 관심과 배려 그리고 이를 바탕으로 한 협력이다. 따라서 재미있는 일터를 만들려면, 팀장과 구성원들 모두 서로 어떤 생각으로 어떻게 일해야 하는지에 대한 팀의 비전과 행동 규범을 명확히 하고 이를 공유하는 일에서부터 시작해야 한다. 건물의 기초가 눈에 보이지 않듯이 이러한 노력은 비록 당장은 눈에 띄지 않지만 재미있는 일터로 나아가는 기초가 된다.

재미있는 일터를 향한 리더의 첫 번째 선언문

나는 내가 맡고 있는 팀을 세상에서 일하기에 가장 재미있는 팀으로 만들겠다. 어떠한 경우에도 이 생각에 충실하도록 내 마음을 다스리겠다. 때로는 구성원들이 나를 답답하게 해도, 또 상사가 나를 힘들게 해도 나는 나의 마음을 다스려 재미있는 팀을 만들어 내겠다.

이제 나는 세상에서 가장 재미있고, 가장 창의적인 일터를 만들겠다는 사명과 열정으로 가슴이 뜨겁다. 열정에 가득 찬 나의 새로운 행동으로 인해 부하 직원들은 서로 배려하고 협력하면서 일하게 될 것이다. 나의 작은 노력으로 부하 직원들이 보다 창의적인 환경에서 재미있게 일하는 모습을 상상하면 내 가슴은 뜨거운 열기로 달아오른다. 나의 작은 출발은 새로운 리더십 행동으로 나타날 것이다. 나는 이제부터 부하 직원들 위에 군림하는 리더가 아니라 그들에게 봉사하고 헌신하는 진정한 리더로 거듭날 것이다. 나의 작은 노력은 변화의 씨앗이 되어 자라날 것이다. 그 씨앗이 지금 당장은 보잘것없어 보일지라도 나의 일터를 가장 재미있는 곳으로 만들 것이다. 나는 이 변화의 씨앗에 소망과 열정과 노력을 담아 강한 뿌리를 내리게 할 것이며 줄기가 튼튼하고 무성한 잎이 뒤덮인 나무로 키워 갈 것이다.

그렇다. 나는 지금 재미있는 일터를 만들기 위한 소중한 씨앗을 심었다. 나는 이 변화의 씨앗이 재미있고 강하고 무한한 성과를 내는 일터의 원동력이 될 수 있도록 모든 정성을 다할 것이다. 나는 주변의 심한 비바람에도 흔들리지 않는 변화의 나무가 되도록 할 것이다. 거듭나려는 나의 리더십 행동에 대해 내 주위의 상사나 동료나 부하 직원들이 쓸데없는 일을 한다고 조롱할지도 모른다. 사흘도 못 가서 걷어치울 것이라고 냉소적인 시선으로 나를 바라볼지도 모른다. 그러나 그런 시선들은 나의 뜨거운 열정에 녹아 버릴 것이며, 나의 확신에 찬 소망에 묻혀 버릴 것이다. 비록 나의 부하 직원들마저 이상한 눈으로 나를 대한다 해도 나는 흔들리지 않을 것이다. 왜냐하면 나의 작은 용기와 노력 그리고 굳건한 의지는 머지않아 가장 값진 결실이 되어 부하 직원들의 심금을 울릴 것이기 때문이다.

이 세상에 태어날 때 나의 출발은 작고 보잘것없었다. 나는 혼자서는 걸을 수 없었으며, 혼자서는 먹을 수도 없는 연약한 존재였다. 그러니 나는 생존과 성장을 위한 수많은 노력으로 튼튼한 어른이 되지 않았던가? 그렇듯이 내가 처음 조직에 발을 들여놓았을 때에도 나의 출발은 작고 보잘것없었다. 그러나 직장 생활의 온갖 애환을 다 겪으면서 나는 오늘 이 자리에 섰다. 비록 나의 출발은 작았을지라도 눈물겨운 노력을 통해 그 끝은 항상 크고 원대했다.

나는 거듭나는 리더의 모습으로 재미있는 일터를 가꾸어 갈 것이다. 비록 나의 출발은 아주 작고 사소하게 보일지라도 나의 노력과 열정과 소망은 마침내 커다란 열매를 맺을 것이다. 내가 뿌린 씨앗은 화려한 꽃을 피우고 무성한 열매를 맺어 나의 일터를 꿈이 있는 곳으로 만들 것이다. 나는 이 작은 씨앗이 웅장한 나무로 자라나는 꿈을 꾸면서 지금의 유혹과 나태함에 도전할 것이다.

이제 나는 나의 일터를 재미있는 곳으로 만들기 위해 가장 먼저 부하 직원들과 함께 성취하고자 하는 일터의 꿈을 명확히 할 것이다. 나는 나의 일터를 세상에서 가장 훌륭한 곳, 가장 재미있는 곳으로 만들겠다는 꿈을 부하 직원들과 함께 만들 것이다.

꿈이 넘치는 일터! 생각만 해도 나는 가슴이 설렌다. 나와 부하 직원들이 그 꿈을 향해 하나가 되는 일터! 상상만 해도 행복한 느낌이 마음에 젖어 든다. 꿈을 향해 나아가는 길이 때로는 실망스럽다 할지라도 화를 내거나 초조해하지 않을 것이다. 왜냐하면 나는 이제 부하 직원들과 함께 성취해야 할 일터의 꿈이 있기 때문이다. 이제 나의 일터는 단지 일만 하고 집으로 돌아가는 곳이 아니다. 나와 부하 직원들의 꿈이 넘치는 곳, 그래서 아침이 되면 가장 먼저 달려오고 싶은 일터로 거듭날 것이다.

나는 지금껏 수없이 다짐했듯이 내가 맡고 있는 팀을 세상에서 일하기에 가장 재미있는 곳으로 반드시 가꾸어 낼 것이다. 나의 소망은 내 일터의 곳곳에 피어날 것이다. 나의 부하 직원들뿐만 아니라 나의 부서를 찾는 모든 사람들이 이러한 변화를 경이로운 눈으로 바라보게 될 것이다. 그들은 꿈이 넘쳐 나는 내 부서를 보면서 한없이 부러운 눈길을 보낼 것이다. 이제 그러한 일터를 만들기 위해 지금 내게 필요한 것은 작은 행동, 작은 실천뿐이다.

> **다시 하는 나의 다짐**
>
> 나는 어떠한 경우에도 인내하고 또 인내하면서 겸손함을 잃지 않을 것이다. 이것은 내가 나약하거나 비굴해서가 아니다. 나는 팀장으로서 내가 맡고 있는 팀을 세상에서 가장 재미있게 일하는 팀으로 만들겠다는 목표가 있기 때문에 이제 인내와 겸손을 바탕으로 부하 직원들에게 다가설 것이다.

꿈이 있는 부서를 만들어라

부서의 꿈은 리더와 구성원들 모두의 업무 성취에 큰 영향을 미친다. 당신의 일터에 꿈이 없다면, 지금 당장 부서의 꿈을 담은 비전을 만드는 작업에 착수하라. 먼저 자신의 부서를 어떤 곳으로 만들고 싶은지 구성원들의 아이디어를 모으고 그 아이디어를 바탕으로 부서의 비전을 명료화하라. 가능하다면 부서의 비전을 재미있게 표현하는 것이 좋다. 그리고 부서의 비전이 회사 비전의 연장 선상에서 표현될 수 있도록 한다. 회사의 비전이 나와 아무 관련이 없다고 투덜댈 것이 아니라 부서의 꿈을 회사의 비전으로 나아가는 징검다리로 만들면 된다.

부서 구성원들의 소망이 담기지 않은 비전은 아무리 훌륭한 문구라 해도 빛 좋은 개살구에 지나지 않는다. 따라서 부서의 비전은 구성원들의 소망과 꿈을 담은 것이어야 한다. 일터에서 함께 생활하면서 구현해 보고 싶은 모습이 바로 부서의 비전이다. 이 비전을 위해 여러 책에 그럴듯하게 그려진 비전 수립 절차에 집착하지 마라. 비록 표현은 서툴다 해도 구성원들의 꿈을 담을 수 있으면 그것으로 부서의 비전 수립 작업은 성공이다.

그럴듯한 문구, 여기저기 표어로 나도는 구태의연하고 형식적인 작업, 액자 속에서 사장될 비전이라면 당장 쓸어버려라. 매일의 생활에 활력을 불어넣을 수 있는 비전, 업무에 활력소가 될 수 있는 비전,

구성원 각자의 마음에 한번 해 보겠다는 의욕을 솟구치게 하는 비전, 바로 그런 비전을 만들어야 한다. 구성원들의 생각이 발전하고, 구성원들의 능력이 성장하고, 구성원들의 꿈이 커짐에 따라 함께 커갈 수 있는 살아 있는 비전을 만들어야 한다.

그런 까닭에 부서의 비전은 바로 구성원들이 자신의 부서를 함께 가꾸어 내고 싶어 하는 소망을 담은 실용적인 꿈이어야 한다. 이런 면에서 부서의 비전은 결코 어려운 것이 아니다. 함께 재미있게 일하면서 좋은 성과를 낼 수 있는 부서의 모습을 그린 다음에 그러한 모습을 부서의 비전으로 확정하면 된다. 이를 위해 리더는 먼저 자신의 생각을 한 페이지로 요약해 이를 구성원들에게 배포한다. 그런 다음에 구성원들 각자에게 어떤 부서가 되었으면 좋겠는지 한 페이지 내지 반 페이지 분량으로 의견을 묻는다. 그리고 부서 회의를 통해 구성원들이 각각 작성한 것을 발표하도록 한 다음에 토론을 통해 부서의 비전을 수립하면 된다.

부서의 비전을 한 문장 내지는 두 문장으로 요약할 때는, 가능하면 재미있는 표현, 부드러우면서도 사람의 마음을 울리는 표현, 좀 튀는 단어를 사용한다. 또 다른 방법으로 만화를 이용해 부서의 비전을 나타낼 수도 있다. 가급적이면 재미있는 표현과 재미있는 방법으로 부서의 비전을 정리한다. 물론 부서의 비전을 만들었으면 이를 발표하는 소규모 부서 행사를 갖는다. 이때 전 부서원의 화기애애한 모습을 사진으로 찍어 비전 포스터의 배경으로 사용해도 좋다. 조그마한 액자에 그 비전을 넣어 구성원들 각자의 책상에 놓아두면 더욱 효과적이다.

액션 화두
나는 리더로서 꿈이 있는 일터를 만들고 있는가?

실천을 위한 작은 용기

부서 비전을 만들고, 구성원들의 사진을 배경으로 그 비전을 적는다. 그리고 팀장과 구성원들의 책상에 하나씩 올려놓도록 하라. 날마다 비전을 바라보면, 그것을 이루고 싶은 생각이 점점 간절해지는 것을 경험할 수 있다. 그렇다면 지금 당장 시도하는 것 외에 다른 대안이 없다. 변화를 원한다면 지금 당장 실천하라.

액션 아이디어 2

부서의 행동 규범을 만들어라

대부분의 팀을 보면, 팀장과 구성원들이 함께 지켜야 할 부서 행동 규범을 찾아보기 힘들다. 그런 까닭에 리더와 구성원들 간의 관계, 구성원들 상호 간의 관계에서 서로의 행동에 대한 오해와 불신이 많이 존재한다. 그리고 부서 자체가 이기주의적인 성향으로 바뀌어 가는 것을 쉽게 볼 수 있다. 부서의 행동 규범은 재미있게 일하는 부서의 꿈을 구현해 가는 데 필수적이다.

구성원들이 서로를 대할 때 어떤 원칙에 근거하여 어떤 행동을 할 것인지에 대한 두세 가지의 행동 원칙을 명료화하면 구성원들 간에 신뢰를 높이고 이를 바탕으로 관계의 질을 높이는 데 도움이 된다. 부서 차원의 행동 규범은 구성원들 간에 어떻게 생각하고 행동해야 할지에 대한 기준이 됨과 동시에 구성원들 간의 이기적인 경향을 줄이는 데에도 도움이 된다. 이러한 행동 규범은 서로 간의 행동에서 비롯되는 갈등을 줄일 수 있다.

부서 차원의 행동 규범을 만들 때는, 그럴듯한 내용보다는 부서에서 요구되는 사항을 중심으로 솔직하게 만들어야 한다. 리더는 부서 차원의 행동 규범을 만든 다음에 다양한 부서 활동에서 이를 일관성 있게 적용하도록 장려한다. 회의를 할 때, 부하 직원의 업무를 코칭할 때, 부하 직원의 과실을 다룰 때뿐만 아니라 구성원들이 서로 협력해서 일을 해야 할 때에도 함께 만든 부서 행동 규범은 중요한 준거가 된다. 회사 차원에서 행동 규범이 있다고 하여도 부서 차원에서 한 가지 내지는 두 가지, 또는 그 이상의 행동 규범을 만들 수 있다. 이때 구성원들이 기본적으로 부서에서 지켜야 할 행동 원칙으로 그 규범을 만들어야 한다. 그리고 부서의 리더는 스스로 그러한 행동 규범에 준하여 업무를 처리하는 모범을 보여야 한다. 리더가 먼저 행동 규범을 준수해야 비로소 살아 있는 행동 원칙이 될 수 있다.

〈부서 행동 규범의 예〉

- 우리는 항상 상대방의 입장에서 듣고, 상대방에게 조언한다.
- 우리는 항상 가장 솔직하게 자신의 생각을 이야기하고 상대방의 의견을 구한다.
- 우리는 아무리 힘든 일이라도 웃으면서 처리한다.
- 우리는 하루 한 번 이상 상대방을 칭찬한다.

액션 화두
나는 리더로서 부서 행동 규범을 명확히 하고 있는가?

실천을 위한 작은 용기

부서 회의를 시작할 때마다, 부서 행동 규범을 함께 낭독해 보라. 처음에는 조잡하게 보일지라도 얼마 지나지 않아 실질적인 변화가 일어난다.

액션 아이디어 3

손을 잡고 마음을 움직여라

당신은 이제 재미있게 일하는 팀을 만들기 위해 팀의 비전을 만들고, 그 비전을 구현하기 위해 구성원들 모두가 지켜야 할 부서 행동 규범도 만들었다. 이것만으로도 당신은 이미 커다란 변화를 성취한 것이다. 당신이 책임지고 있는 구성원들도 우리 팀장이 많이 바뀌었다고 생각할 것이다.

그러나 비전을 향하여 나아가는 과정에서 행동 규범을 어떻게 지키게 할 것인가? 예전에도 늘 경험했듯이, 비전과 행동 규범을 만들기까지는 잘했지만 이것을 어떻게 지켜갈 것인가? 또 예전처럼 잘 안 지킨다고 질책하거나 핀잔할 것인가? 만에 하나라도 당신이 그런 눈치를 준다면 그 순간부터 재미있는 일터는 끝이다. 그래서 앞 장에서 리더는 인내하고 또 인내해야 한다고 했다. 리더는 이제 인내와 더불어 작은 용기, 진정한 용기가 필요하다.

아침에 처음 만날 때, 어떻게 인사했던가? 구성원들은 하루 중 당신을 처음 보았을 때, 상사인 당신에게 고개만 끄덕이거나, 의례적인 간단한 인사말만 했을 것이다. 돌이켜 보면 참 재미없는 일터다. 하루가 이렇게 재미없게 시작되었던 것이다. 이제 이것부터 변화시켜야 한다.

아침에 처음 만났을 때, 서로 악수하는 것으로 인사를 한다. 딱 한 달만 그렇게 하겠다고 선언한다. 구성원이 상사를 만났을 때는 물론이고, 구성원들끼리도 하루 중 처음 마주쳤을 때, 서로 악수를 나누도록 한다. 그러면서 서로 '우리 잘해 봅시다.'라는 말을 주고받도록 한다. 가능하다면 팀장인 당신이 먼저 자리에서 일어나 손을 내밀어 보라. 서로의 체온을 느끼는 그 순간부터 일터가 달라지는 것을 경험할 것이다.

그러나 이 좋은 인사도 처음에는 아주 어색하다. 그래서 하는 사람도 있고 안 하는 사람도 있다. 필자가 실제로 이런 시도를 했을 때도 똑같은 경험을 했다. 정말 어색하고 잘 안 된다. 그래서 이 작은 것을 정착시키는 데도 용기가 필요하다. 어색함을 극복하고 날마다 되풀이할 수 있는 용기가 필요하다. 일부 구성원들이 어색함 때문에 주저하거나 실천하지 않는다면, 얼마 가지 않아 이런 약속이 흐지부지될 것이다. 따라서 리더로서 당신은 구성원들을 격려하면서 어색해도 한번 해 보자고 해야 한다.

악수로 하루를 시작하고 악수로 하루를 끝내도록 하라. 일주일 정도 지나면 첫날의 어색함이 사라지면서 팀 분위기가 새로워지는 것을 느낄 것이다. 재미있는 일터는 이렇게 태동한다.

액션 화두
나는 리더로서 하루의 첫 출발을 다이내믹하게 하고 있는가?

실천을 위한 작은 용기

갑자기 안 하던 일을 한다고 어색하게 생각해서는 안 된다. 새로운 행동은 그것이 아무리 사소한 것일지라도 용기를 필요로 한다. 이제 리더로서 당신은 아침에 처음 만날 때는 무조건 악수로 인사를 나누자고 제안하라. 그리고 먼저 나서서 실천해 보라. 이 작은 스킨십이 전혀 예상치 못한 결과를 가져올 것이다. 하루도 거르지 않고 실천하면 일주일쯤 지날 때, 부서 분위기가 달라지는 것을 경험하게 될 것이다.

재미있는 일터를 향한 리더의 명상

확고한 비전과 목표가 미래를 바꾼다.
목표를 향한 최고의 자원은 바로 시간이다.
그 시간을 어떻게 사용하느냐가 가장 중요하다.

- 빌 게이츠 -

Part 3

일터의 환경을
새롭게 가꾸어라

당신의 팀이 일을 하는 주위를 둘러보라. 일 년 내내 같은 모습일 뿐이다. 해가 지날수록 빛이 바래 갈 뿐이다. 환경에 어떤 변화를 줄 때, 구성원들이 보다 재미있게 일을 할 수 있겠는가? 리더로서 당신은 이런 환경에 어떤 변화를 줄 것인가?

환경을 새롭게
가꾸는 이유

일터를 재미있는 곳으로 만들려면 무엇보다도 일터의 환경을 새롭게 인식해야 한다. 일터의 환경은 리더와 구성원들의 생각을 반영하는 거울이다. 일터의 환경은 조금만 변해도 구성원들이 그 변화를 아주 쉽게 인지한다. 대부분의 일터는 업무 환경이 획일적이다. 구성원들에게 창의성을 강조하면서도 대부분의 부서는 똑같은 모양과 색깔의 가구들로 구성되어 있다. 부서마다 개성이 다르고 성취하고자 하는 것에 차이가 있음에도 불구하고 물리적 환경은 차이가 없다. 일터의 환경이 창의적으로 생각하고 일할 수 있는 촉진 요소가 되지 못하면서 구성원들에게 창의적으로 일하라고 하는 것은 옳지 않다. 창의성을 촉진할 수 있는 환경과 활동은 없고 창의적으로 일하라는 주문만 있는 곳에서 독창성과 열정이 넘치는 아이디어를 기대할 수 있을까?

대부분의 기업에서 사무실의 물리적인 환경을 바꾸는 것은 금기

시 되어 왔다. 그래서 책상 사이를 구분하는 파티션이나 복도의 텅 빈 공간은 일 년 내내 똑같은 모습이다. 리더가 조금만 생각을 바꾸고 관심을 보인다면 구성원들의 창의성이 스며들 수 있음에도 불구하고 일 년 내내 있는 그대로 방치되어 있다. 정말 재미없는 모습이다.

일터의 환경을 창의적으로 가꾸려면 무엇보다도 일터에 대한 비전이나 꿈을 명료화해야 한다. 여기서 일터의 물리적 환경을 창의적으로 가꾸는 작업은 일터의 비전을 향한 노력으로 나타나야 한다. 그러면 구성원들이 변화 자체를 실감할 뿐만 아니라 변화의 의미를 조직의 비전과 연계하여 이해하게 된다. 진부한 물리적 환경으로 일 년 내내 일하는 기업을 보면 회사의 비전과 가치는 있어도 이를 구체적으로 실천하는 부서의 비전과 활동은 없다. 회사의 비전은 그저 회사의 비전일 뿐이다. 회사에서 강조하고 있는 가치도 그것을 만든 사람들에게만 중요할 뿐 대부분의 부서 구성원들은 자기 생활과 아무런 연계를 찾지 못한다. 회사의 비전이나 가치 그리고 행동 규범은 단지 회사의 벽이나 수첩에 적혀 있는 장식용에 지나지 않는다.

일터의 환경을 새롭게 가꾸는 것은 기존의 고정 관념에 대한 도전이다. 일터의 환경은 구성원들의 생각과 행동에 영향을 준다. 따라서 리더는 재미있는 일터를 만들려면 무엇보다도 재미있는 일터에 대한 꿈을 공유하는 가운데 고정 관념에 도전하면서 보다 창의적으로 접근해야 한다. 리더가 구성원들과 함께 일터의 환경을 새롭게 가꾸어 갈 때 구성원들은 활력이 넘친다.

재미있는 일터를 향한 리더의 두 번째 선언문

나는 한 번 더 다짐한다. 나는 내가 맡고 있는 팀을 세상에서 가장 재미있게 일하는 팀으로 만들겠다. 나와 구성원들이 서로 재미있게 일할 때, 서로에 대한 이해와 신뢰가 높아지고 협력이 강화될 것이다. 구성원들이 나 때문에 스트레스를 받는 일은 없을 것이다. 힘든 일을 서로 격려하면서 돕는다면 우리 팀은 못 해낼 일이 없다. 나는 우리 팀이 최고의 성과를 낼 수 있도록 구성원들과 함께 도전하고 또 도전할 것이다. 이러한 여정에서 나는 구성원들이 힘든 일도 재미있게 할 수 있는 팀을 만들 것이다.

나는 지금까지의 노력을 바탕으로 구성원들이 재미있는 일터를 향한 변화를 체험할 수 있도록 환경부터 새롭게 바꾸겠다. 구성원들의 창의적인 생각을 모아 함께 일하는 공간으로 바꾸어 나갈 것이다. 그래서 구성원들이 아침이 되면 빨리 달려오고 싶은 그런 일터를 만들 것이다.

나는 리더로서 변화의 신비를 하나씩 풀어 갈 것이다. 그리고 변화의 신비의 효용을 강화해 갈 것이다. 이를 위해 환경을 완전히 새롭게 가꾸어 갈 것이다. 이제 우리 팀의 구성원들은 '와!' 하면서 '일터가 이렇게 달라질 수 있구나.' 하며 감탄할 것이다. 나는 재미있는 일터를 향한 구성원들 모두의 생각과 의지를 담아 새로운 환경을 가꾸어 갈 것이다.

    나와 구성원들은 이제 새로운 환경에서 신바람 나게 일할 것이다. 구성원들이 자부심을 느낄 수 있는 새로운 환경에서 일에 대한 재미, 서로 돕고 협력하는 재미가 솟아날 수 있도록 하겠다.

    이제 내게 필요한 것은 실천을 위한 작은 용기뿐이다. 전에도 그랬듯이 나는 다시 한번 용기를 내어 변화를 시도할 것이다. 처음에는 주저하기도 했지만, 이제 더 이상 주저하지 않고 곧바로 실천할 것이다. 그렇다. 나는 환경을 재미있게 바꾸겠다는 나의 생각을 바로 행동으로 옮길 것이다.

액션 아이디어 4

구성원들의 사진으로 파티션을 장식하라

「가장 일하기 좋은 100대 기업」인 티디 인더스트리나 컨테이너 스토어를 가보면 복도의 벽면과 파티션의 외벽에 구성원들이 환하게 웃는 모습이 담긴 오크색의 사진 액자들이 즐비하게 부착되어 있다. 그래서 그 공간을 지나칠 때면 마음이 저절로 밝아지고 경쾌해진다.

「가장 일하기 좋은 100대 기업」 1위에 선정되었던 시노버스 파이낸셜의 본사에 가 보면, 구성원들의 아이디어를 모아 회사가 추구하는 비전과 가치를 파티션의 천에도 디자인해 둔 것을 볼 수 있다. 팀장으로서 회사 전체를 바꾸지는 못해도 자신이 맡고 있는 팀의 공간은 획기적으로 바꾸어 낼 수 있는 것이다.

위의 사례에서 보듯이 사무실 공간의 적절한 곳에 구성원들의 사진을 부착한다. 파티션의 외벽이나 윗부분 또는 사무실 내의 적절한 공간을 찾아 환하게 웃는 얼굴로 찍은 구성원들의 사진을 작은 액자에 담아 부착한다. 그리고 사진의 윗부분에는 '우리 부서의 훌륭한 사람들Great Members' 또는 '함께하는 우리 가족Our Family'이라는 제목을 붙인다. 이는 비록 작은 아이디어 같지만 공동체 의식을 강조하면서 구성원들 각자에게 특별한 의미를 부여하는 효과가 있다.

액션 화두

나는 리더로서 구성원들의 공동체 의식을 강조하기 위해 어떤 환경을 만들고 있는가?

실천을 위한 작은 용기

파티션과 사진에 대한 팀장의 생각을 말하고, 함께 일하는 공간에 의미를 부여할 수 있는 아이디어를 구성원들로부터 구해서 실천한다. 구성원들의 생각이 산뜻하지 못해도, 이를 존중하고, 변화를 시도할 수 있도록 지원한다. 그래서 구성원들과 함께 환경을 바꾸어 내도록 한다. 그러면 구성원들이 자신의 일터에 자부심을 느끼는 것을 경험하게 될 것이다.

액션 아이디어

책상을 창의적으로 가꾸어라

이제 모든 것을 다 바꾼다는 생각으로 사무실과 책상과 복도와 공간을 보라. 몇 년을 흘러와도 페인트칠을 새롭게 하는 것 외에는 일 년 내내 그대로 있는 사무실과 책상과 공간을 보라. 이렇게 변화되지 않는 사무실에서 새로운 변화를 기대하고, 창의성을 기대하고, 도전을 기대한다는 것 자체가 부끄러운 일이다.

일하기에 재미있는 일터를 만들려면 우선 눈에 띄는 업무 환경을 창의적으로 가꾸어야 한다. 그곳에 구성원들의 아이디어를 모으고, 다양성을 모을 때 일터의 분위기는 금방 바뀔 수 있다. 또한 일하는 구성원들의 마음에 새로운 변화의 싹을 틔울 수 있다.

● 작은 아이디어 하나

구성원들의 책상 위에 전체 구성원들이 환하게 웃는 사진을 모아 배치한다. 또는 함께 찍은 단체 사진을 크게 출력하여 모든 구성원들의 책상 위에 부착한다. 그리고 '새로운 신화를 만들어 가는 주역들'이라는 제목을 붙인다.

● 작은 아이디어 둘

구성원들에게 공모하여 함께 잘해 보자는 취지의 표어를 만든다. 그리고 이 표어를 예쁘게 디자인하여 구성원들의 책상 위에 하나씩 부착한다.

● 작은 아이디어 셋

봄이 오면 구성원들의 책상에 꽃이 핀 작은 화분을 놓아 주어라. 구성원들이 아침에 출근해서 자신의 책상에 놓인 작은 화분을 볼 때 하루의 시작은 달라질 수밖에 없다. 책상마다 피어 있는 꽃을 대할 때 부서를 대하는 마음도 달라질 것이다. 또한 누군가가 그 부서를 찾아와 구성원들의 책상에 놓인 꽃을 본다면, 화를 내러 왔다가도 그 화가 누그러질 수밖에 없다. 꽃은 사람의 마음을 편안하면서도 밝게 하는 신비함을 가지고 있다.

● 작은 아이디어 넷

꽃 한 송이를 꽂을 수 있는 화병을 모든 구성원들의 책상 위에 준비한다. 또는 각자 자신이 원하는 디자인의 작은 꽃병을 하나씩 준비하도록 한다. 그런 다음 오래가는 작은 꽃을 한 송이씩 꽂아 놓도록 한다. 팀장이 한 달에 한 번씩 꽃을 사서 나누어 주거나, 구성원들의 자율적 아이디어로 꽃을 교체하도록 한다.

● 작은 아이디어 다섯

구성원들의 책상 위에 가족 사진을 하나씩 붙이도록 한다. 미혼인 구성원들은 부모님 그리고 형제들과 함께 찍은 사진을 붙이도록 한다. 그러면 서로 동료들의 가족 사진을 볼 수 있는 기회가 된다.

작은 생각 하나가 해당 구성원들뿐만 아니라 부서 구성원들 전체에게 활력을 불어넣는다. 그러나 이 모든 일을 리더 혼자 할 수는 없다. 한 사람이 모든 일에 창의적인 아이디어를 낸다는 것도 현실적으로 어렵다. 따라서 리더는 구성원들의 창의성이 발휘될 수 있도록 부서 분위기를 유지하고 또 기회를 만드는 데 적극적이어야 한다. 부서의 물리적 환경을 재미있게 가꾸기 위한 리더의 노력은 구성원들의 창의적인 활동을 촉진하는 형태로 나타나야 한다. 예컨대 매월 두 명씩 한 조로 만들어 변화 작업을 하는 것도 좋은 방법이다.

● 참고

초등학교 시절처럼 환경 미화를 실시하는 것도 한 방법이다. 구역을 정하고, 구역마다 주제를 정한 다음, 일정한 예산을 배정한다. 그리고 가장 창의적으로 꾸민 팀을 중심으로 작은 시상과 더불어 간단한 축하 활동을 한다. 이러한 행사는 분기별로 한 번씩 실시하면 좋다. 물론 할 때마다 팀 구성을 다르게 하여 팀의 협력 구도를 바꾸는 것도 좋다. 이때 가장 재미있게 꾸민 팀을 선정하는 심사 기준 또한 부서 구성원들이 합의하여 다섯 문항 정도로 만들면 된다.

액션 화두
나는 리더로서 구성원들의 공동체 의식을 강조하기 위해 어떤 환경을 만들고 있는가?

액션 아이디어 6
계절이 바뀔 때 부서 분위기를 바꾸어라

사람들은 계절이 바뀔 때마다 계절에 맞는 감상에 젖게 된다. 봄이 되어 돋아나는 새싹을 볼 때면 생명의 신성함에 머리를 숙이게 되고, 개나리가 만발한 동산을 보면 화사함에 절로 마음이 밝아진다. 여름의 초록을 보면서 생명의 강인함을 느끼게 되고 가을의 낙엽 속에서 삶의 오묘함을 생각하기도 한다. 겨울의 흰 눈을 보면서 늘 깨끗한 마음으로 살 것을 다짐하기도 한다.

이처럼 계절이 바뀔 때, 계절에 맞는 화분이나 꽃 또는 계절을 상징하는 작은 소품들로 구성원들의 책상을 가꾸어 본다. 아니면 구성원들 서로가 제비뽑기를 하여 정해진 금액 내에서 책상에 놓고 볼 수 있는 작은 선물을 주고받을 수도 있다. 특히 가을에는 결실을 맺은 호박이나, 모과, 사과, 배, 감 등을 구성원들의 책상에 올려놓거나, 부서에 작은 공간을 마련하여 장식해 놓는 것도 한 방법이다.

화분의 경우 일정 기간 각자의 책상에 전시한 다음에 집으로 가져가게 하거나 폐기하도록 하여 항상 깨끗한 상태를 유지한다. 먹을거리로 부서 공간을 장식한 경우에는 일정 전시 기간이 끝난 다음 부서 전체가 작은 시식회를 가질 수도 있다. 계절이 바뀔 때마다 구성원들이 새롭게 느낄 수 있도록 부서의 공간이나 구성원들의 책상을 가꾸는 작업은 조금만 창의적으로 생각하면 좀 더 재미있게 할 수 있다. 예컨대 사다리 게임 또는 제비뽑기를 해서 파트너를 정한 다음에 일주일 안에 각자 자신의 파트너 책상을 꾸며 주도록 하는 것도 좋은 방법이다. 꽃, 액자, 그림 등 다양한 아이디어를 활용하여 각자 자기 파트너의 책상을 예쁘게 꾸며 주도록 격려한다. 이때 책상을 가장 예쁘게 꾸며 준 구성원에 대한 작은 포상도 잊지 않는다.

액션 화두

리더인 나는 계절이 바뀔 때 구성원들의 책상을 어떻게 꾸며 주고 있는가?

액션 아이디어 7

장미꽃을 한 송이씩 올려놓아라

구성원들이 아침에 출근했을 때 자신의 책상에 장미꽃 한 송이와 더불어 '우리 모두 당신을 사랑합니다!'라는 메시지가 적힌 카드를 보고 놀라는 모습을 상상해 보라. 특별한 날도 아닌데 어느 날 갑자기 부서의 모든 구성원들이 자신의 책상에 장미꽃과 카드가 놓인 것을 보게 된다면 그 부서의 구성원들은 어떤 생각을 하게 될까? 아마도 그날 하루뿐만 아니라 오래도록 진한 감동이 구성원들의 마음속에 남을 것이다.

누군가가 전날 밤 잠시 수고를 하면 부서는 일시에 새로운 분위기를 띨 수 있다. 꽃집에 가서 구성원들의 숫자에 맞추어 장미꽃 한 다발을 사 오는 수고를 한다면 다음 날 부서 구성원들 모두가 즐거운 마음으로 일을 할 수 있을 것이다. 특히 장미의 계절이라고 불리는 오월에 하게 되면 꽃값도 쌀 뿐만 아니라 봄 분위기에도 맞출 수 있다.

액션 화두

리더인 나는 구성원들에게 어떤 사랑의 메시지를 전달하고 있는가?

액션 아이디어 8

개개인의 책상을 특별하게 꾸며라

구성원들이 하루 중 절반 이상의 시간을 보내는 사무실은 개인의 삶의 공간과 같다. 따라서 사무실에 근무하는 부서일 경우 구성원들에게 각자의 책상을 자신의 개성을 살려 장식하도록 한다. 구성원들이 자신의 책상을 장식하는 것은 자신만의 공간에서 편안한 마음으로 일할 수 있는 분위기를 만들기 위한 것이다. 특정 기간을 설정한 다음에 각자 자신의 작은 공간을 다양한 소품과 사진 및 표어를 이용하여 가장 창의적으로 가꾸는 콘테스트를 개최한다. 이때 가장 돋보이는 구성원을 한 명 선정하여 시상을 한다. 수상자는 구성원들이 투표로 결정한다. 이러한 활동을 하면 전체적으로 부서의 일하는 환경을 아기자기하면서도 아늑한 개인적인 공간으로 바꿀 수 있다.

액션 화두
나는 리더로서 구성원들이 자신의 책상을 창의적으로 가꾸도록 어떻게 지원하고 있는가?

액션 아이디어 9

신입 사원의 책상을 특별하게 꾸며라

신입 사원이 부서에 처음 출근하는 날, 자신의 책상이 특별하게 꾸며져 있는 모습을 본다면 이 사원은 부서에 대해 어떤 느낌을 가질까? 이 신입 사원은 함께 입사한 다른 동료들에게 자신의 첫 출근과 부서에 대해 어떤 말을 할까? 그리고 다른 회사에 취직한 자신의 친구들에게 어떤 말을 할까? 첫 출근하는 날 갖는 인상은 회사 생활을 하는 동안 두고두고 마음에 남는다.

흔히들 신입 사원 바람 빼기 작전을 부서의 리더가 맡아서 한다고 한다. 그래서 신입 사원은 배치되자마자 김빠지는 일만 맡아서 하게 되는 경우가 있다. 즉 처음부터 조직의 쓴맛을 보도록 해 길들인다는 생각이 강하다. 그러나 신입 사원이 하나의 인격체로서 존중받고 품위 있는 대접을 받을 때, 다른 구성원들과 상사에 대한 존중심도 높아진다.

리더는 부서에 합류하는 신입 사원의 책상을 새롭게 가꿀 때, 두세 명의 기존 사원들이 아이디어를 내 작업하도록 한다. 그러면서 신입 사원이 평생 잊지 못할 추억으로 간직할 수 있게 가장 창의적으로 꾸며 주도록 격려한다. 그러면 아주 놀라운 아이디어들로 신입 사원의 책상이 장식될 것이다. 이처럼 신입 사원의 책상을 장식하는 것은 사람에 대한 배려이자, 한 개인의 아주 특별한 날에 대한 배려이다.

책상을 꾸미는 아이디어의 하나로 색색의 풍선으로 책상과 의자를 장식하고 환영 메시지를 컴퓨터로 출력하여 붙여 놓는다. 그리고 예쁘게 장식한 종이에 모든 구성원들이 축하 메시지를 간단히 적어 책상 서랍 안에 넣어 놓는다. 또한 예쁜 카드 하나에 부서의 어떤 사람을 찾으라고 적어 놓는다. 그러면서 그 사람을 찾아갈 때 가장 창의적으로 인사를 해야 한다는 말도 적어 놓는다. 이때 신입 사원이 해당 구성원을 찾아가면, 그 구성원은 사탕이 담긴 컵을 주면서 간단하게 격려의 말을 전한다. 컵 안에는 부서 내에 누군가를 만나라는 또 다른 메시지를 넣어 놓는다. 이때 그 사람의 직위는 적지 않고 단지 이름만 적어 둔다. 그러면 해당 구성원은 또 다른 축하 선물 봉투 또는 부서의 업무 시 필요한 자료를 모아 놓았다가 건네주면서 앞으로 참고하라고 한다.

이처럼 신입 사원의 첫날을 재미있게 계획해 줄 때, 즐거운 것은 신입 사원만이 아니다. 그러한 활동을 기획하고 만들어 가는 구성원들 모두에게 이러한 일들이 축제가 된다. 또한 부서 구성원들 모두가 흐뭇한 마음으로 자신들이 기획한 결과를 보게 될 때 부서 생활 자체가 즐거워진다.

액션 화두
리더인 나는 신입 사원의 첫 출근 날 평생 잊지 못할 추억을 만들어 주기 위해 무엇을 하고 있는가?

전배 사원의 책상을 특별하게 꾸며라

회사의 다른 부서에서 전배 온 구성원의 책상을 특별하게 꾸민다. 전배 온 구성원이 사원급일 수도 있고 간부급일 수도 있다. 직급에 관계없이 전배 온 구성원이 첫 출근하는 날 그 구성원의 책상을 특별하게 꾸미도록 한다.

따뜻한 환영 인사가 적힌 메시지와 더불어 책상을 특별하게 꾸미는 것은 따뜻한 배려와 관심을 보이는 좋은 방법이다. 특히 전배 온 구성원에 대한 메시지에는 함께 일하게 되어 반갑다는 기대를 담도록 한다. 만일 전배 오는 구성원이 간부급이면 해당 부하 직원들은 함께 일하게 되어 많은 기대가 된다는 특별한 의미의 메시지를 첨부한다. 전배 온 구성원을 위한 특별한 회식을 마련하는 경우에는 일과 후 만나게 될 회식 장소와 시간이 적힌 초대장을 책상에 올려놓는다. 구성원들의 이러한 배려는 전배 오는 구성원의 마음을 편안하게 해 주며 부서에 대한 기대감을 갖게 해 준다.

액션 화두
리더인 나는 전배 사원을 어떤 방식으로 특별하게 맞이하고 있는가?

액션 아이디어 11

국경일을 활용하라

국경일이 다가오면 사흘 전쯤부터 작은 태극기를 구성원들의 책상에 부착해 준다. 또는 파티션 위에 소형 태극기를 꽂아 놓는다. 예컨대 파티션 위에 20cm 간격으로 작은 태극기를 촘촘히 부착하여 부서 전체가 태극기의 물결을 느끼게 하면 구성원들은 특별한 느낌을 가질 수 있다. 이때 두 명 정도의 구성원들이 리더와 함께 전날 밤에 미리 태극기를 부착해 둔다면 다음 날 구성원들이 출근했을 때 놀라움을 안겨 줄 것이다. 국경일을 전후하여 부서의 구성원들이 태극기의 물결 속에서 업무를 진행한다면 업무에 대해서도 특별한 의미를 느끼게 된다.

태극기는 컬러 프린터로 출력해서 만들고 깃대는 나무 젓가락이나 빨대를 활용하면 된다. 실제로 태극기를 어떻게 제작할 것인지에 대해 구성원들에게 아이디어를 구하면 쉽게 해결할 수 있다. 태극기를 배치할 수 있는 곳에는 가급적 전부 태극기를 부착하여 부서 전체가 태극기의 물결에 휩싸이도록 하면 그 효과가 높다.

국경일이 많이 있지만 특히 삼일절과 광복절은 부서를 태극기로 장식할 수 있는 좋은 기회이다. 태극기는 국경일 전후 각각 사나흘 정도 게양한 다음, 마지막 날 모든 구성원들이 함께 철거한다. 이런 활동을 통해 특별한 날에 특별한 마음가짐으로 일을 하게 되고 이로써 구성원들은 부서에 대한 남다른 애착과 자부심을 갖게 된다.

액션 화두
리더인 나는 국경일을 기념하여 부서의 분위기를 어떻게 바꾸고 있는가?

액션 아이디어 12

작은 깃발의 신비를 활용하라

많은 리더들이 때때로 부서의 분위기를 바꾸고 싶은 충동을 느낀다. 좀 더 활력이 넘치는 일터로 만들 수 없을까를 고민한다. 하지만 회식이나 술자리, 노래방 등 늘 해 오던 방식에서 벗어나지 못한다. 이러한 활동들은 일터를 떠나서 이루어지기 때문에 그 당시에는 활기가 넘치는 것 같고, 모두 한마음인 것 같다. 그러나 실제 일터로 되돌아 오면 어제와 같은 오늘, 오늘과 같은 내일이 반복될 뿐이다.

진부한 일터의 분위기를 바꿀 때 스마일 깃발이나 스마일 마크가 인쇄된 종이를 활용하면 좋은 효과를 거둘 수 있다. 부서 전체를 스마일 마크로 장식하면 웃으면서 일하자는 뜻을 구성원들이 피부로 느낄 수 있다. 스마일 깃발을 활용할 때는 앞에서 국경일 태극기를 제작하는 것과 같은 방법으로 하면 된다. 스마일 깃발이 곳곳에 꽂힌 부서에서 화내거나 짜증을 내는 구성원들은 별로 없을 것이다.

사람들은 눈으로 볼 수 있는 것을 통하여 쉽게 마음 상태를 전환

할 수 있다. 만일 스마일 마크를 부서의 파티션이나 책상에 부착하려면 컬러 프린터로 사진 크기의 스마일 마크를 출력하면 된다. 이때 한두 마디의 칭찬 표어를 곁들이면 더욱 효과적이다. 이처럼 스마일 깃발이나 스마일 마크를 활용할 때 부서 전체에서 스마일을 느낄 수 있도록, 부착 가능한 모든 공간을 전부 활용하면 효과를 극대화할 수 있다.

스마일 마크를 너무 오랫동안 부착해 두면 지루해질 수 있다. 대체로 스마일 마크는 일주일 정도 붙여 두면 좋은데, 이 기간 중에는 아침 인사도 여기에 맞도록 바꾸어 본다. 예컨대 아침에 출근하는 구성원들에게 리더가 먼저 나서서 '오늘도 웃으면서 일하는 겁니다.'라는 식으로 인사를 한다. 마찬가지로 구성원들도 아침 인사를 할 때 스마일이라는 문구를 활용하여 인사를 주고받도록 장려한다.

일단 스마일 마크의 게시 기간이 종료되면 일시에 제거하도록 한다. 이때 간단한 제거 의식을 곁들이면 스마일의 의미가 오래도록 가슴에 남는다. 예컨대 퇴근 직전에 부서 구성원들이 둘러서서 모두 수고했다고 인사한 다음에, 리더는 즉석에서 가장 많은 웃음을 선사한 구성원들을 뽑아 작은 선물을 건네준다.

가장 많은 웃음을 선사한 구성원들을 뽑을 때, 리더는 모든 구성원들에게 하나 둘 셋 하면 일시에 웃음을 가장 많이 선사했다고 생각되는 구성원을 손가락으로 가리키라고 하면 된다. 구성원들이 많은 경우에는 간단하게 투표를 할 수도 있다. 이때 선정된 구성원에게 주는 작은 선물은 기존의 포상에 대한 상상을 뒤엎는 좀 엉뚱한 품목을 넣어 한바탕 웃음이 터지게 한다. 스마일 마크나 깃발은 부서 분위기가 장기간 침체되어 있을 때 구성원들에게 새로운 활력을 줄 수 있는 좋은 아이디어다.

● 참고

작은 깃발에는 스마일 마크뿐만 아니라 다양한 표어를 활용할 수 있다. 부서 전체가 특정한 목표를 향하여 일정 기간 움직인다면 그러한 목표에 대한 달성 의지를 적은 깃발을 부착할 수도 있다.

액션 화두
나는 리더로서 구성원들이 웃으면서 일할 수 있도록 무엇을 하고 있는가?

작은 곰과 함께 생활하라

포근한 감촉을 가진 작은 곰 인형을 두 개 정도 구입하여 부서에서 돌아가면서 구성원들의 책상에 올려놓도록 한다. 따뜻한 표정을 한 곰 인형은 그것을 바라보는 사람들로 하여금 포근한 마음이 들도록 한다. 업무 중에 자신의 책상에 놓여 있는 곰 인형을 보면 생각이 달라질 뿐만 아니라 잠시나마 업무 때문에 쌓이는 스트레스를 잊을 수 있다.

곰 인형을 건네받은 두 명의 구성원들은 그날 하루 자신의 책상에 놓고 그 인형과 함께 작업을 한다. 그리고 퇴근 전에 자신의 인형을 다른 구성원의 책상에 올려놓는다. 곰 인형을 다른 구성원의 책상 위에 올려놓을 때는 왜 그 구성원을 선택했는지 이유를 간략하게 적은 메시지를 첨부한다. 물론 업무와 관련하여 특별히 고마움을 느끼는 사람이 있다면 고맙다는 메시지와 함께 곰 인형을 그 사람의 책상에 올려놓는다. 또한 어떤 구성원이 상사로부터 지적을 받았거나 업무에서 실수를 했다면, 격려의 메시지와 함께 곰 인형을 그 구성원의 책상에 올려놓는다. 이런 식으로 곰 인형이 계속 구성원들의 책상을 돌아다니도록 한다. 곰 인형과 더불어 전달되는 메시지는 구성원들의 가슴에 배려와 관심, 그리고 친밀감을 싹트게 한다.

곰 인형을 활용할 때, 두 마리의 작은 곰들에게 재미있는 이름을 붙인다. 곰 인형의 이름은 처음 곰을 들여왔을 때, 구성원들의 공모를 통해 정한다. 이때 곰 인형의 이름을 잘 정한 사람에게 작은 포상을 한다. 작은 포상은 곰과 연계된 것이면 좋은데, 곰 모양의 젤리나 과자 또는 곰이 그려진 머그잔 등이 적은 비용으로 의미를 더해 줄 수 있다. 그리고 그 날을 두 곰이 부서에 입양된 날로 선포한다. 물론 두 곰이 입양된 날은 작은 파티를 열어 구성원들이 새로운 가족으로 들어온 곰 인형을 축하해 주는 것도 좋은 생각이다.

이렇게 입양되어 부서에 돌아다니는 곰 인형은 얼마 지나지 않아 부서의 구성원처럼 느껴질 것이다. 리더와 구성원들은 때때로 곰 인형의 이름으로 부서의 단합과 재미를 촉진하는 활동을 한다. 예컨대 곰돌이와 곰순이의 이름으로 각종 회의나 회식을 개최한다. 또한 곰 인형을 가지고 있는 구성원을 부를 때 곰 인형 이름으로 부르거나 곰 인형과 관련된 메시지를 이메일이나 다른 방법으로 전체 구성원들에게 전달하여 부서 분위기를 부드럽게 할 수도 있다.

액션 화두
나는 리더로서 부서 분위기를 부드럽게 하기 위해 무엇을 하고 있는가?

작은 조각과 소품을 활용하라

특정 주간을 선정하여 구성원들이 평소에 아끼는 것이거나 특별한 의미가 담긴 작은 조각 또는 소품을 하나씩 가져오도록 하여 자신의 책상에 올려놓도록 한다. 다음 날 제비뽑기를 하여 파트너를 정한 다음 작은 소품을 잠시 바꾸어 전시하도록 한다. 이처럼 다른 사람의 소품을 자신의 책상에서 감상하게 되면 일상에서 자연스럽게 그 소품을 중심으로 서로 간에 대화가 오고 가게 된다. 이러한 대화를 통해서 구성원들은 평소에 알지 못했던 동료나 상사의 또 다른 면을 발견하게 된다. 아끼는 소품이나 조각의 교환 전시는 다른 사람을 이해하고 사람들의 차이를 인정하는 데 큰 도움이 된다. 구성원들이 서로에 대해 더 많은 것을 알게 될 때 서로에 대한 이해의 수준이 높아지며 공감의 폭이 넓어질 수 있다.

> **액션 화두**
> 나는 리더로서 구성원들 간의 이해 증진을 위해 어떤 활동을 하고 있는가?

격려 메시지를 활용하라

모두 퇴근한 후에 컴퓨터로 출력한 격려와 감사의 메시지를 구성원들의 책상에 올려놓는다. 물론 이때 사탕 하나를 덧붙이면 더욱 좋다. 똑같은 메시지라 해도 보다 재미있게 꾸미려면 만화를 이용할 수도 있다. 직접 그리기 힘들면 인터넷, 잡지 또는 신문의 4단 만화의 한 부분을 이용하면 된다. 즉 인터넷, 잡지 또는 4단 만화를 보고 자신이 활용할 수 있다고 생각되는 한 컷을 선정한다. 그런 다음에 만화 속의 대사 내용을 지우고 자신이 원하는 메시지를 넣어 확대하여 복사한다.

리더는 격려 메시지를 구성원 모두에게 보내거나 특정 구성원에게만 보낼 수도 있다. 어떤 방식이든 간에 상황에 맞게 적절하게 구사하면 된다. 구성원들 중에서 특별히 업무 성과가 탁월하거나, 업무에서 스트레스를 많이 받는 구성원, 또는 업무상의 실수로 질책을 받아 침체되어 있는 구성원 등에게 상황에 따라 적절하게 사용하는 격려 메시지는 메마른 부서 생활에 새로운 활력을 가져온다. 메시지는 개인적으로 전달하거나 부서의 큰 게시판을 활용해 모두가 볼 수 있도록 한다. 리더가 이러한 격려의 메시지를 자주 사용할수록 구성원들의 생활에 활력이 넘친다. 리더의 격려 메시지는 많을수록 좋은데 그 이유는 이러한 격려 메시지가 부서의 분위기를 밝게 만들기 때문이다.

액션 화두

리더인 나는 부하 직원들에게 얼마나 자주 격려 메시지를 전달하는가?

생일을 맞은 구성원의 책상을 특별하게 꾸며라

누구에게나 생일이란 더없이 뜻깊은 날이다. 생일이란 누구나 세상에 태어날 때 나름대로 존재의 의미를 가지고 태어났음을 상기하는 특별한 날이다. 또한 그것은 한 개인이 처음 세상의 빛을 보면서 울음을 터뜨린 것을 기념하는 날이기도 하다. 이처럼 뜻깊은 날을 맞은 구성원이 아침에 출근했을 때 자신의 책상과 의자가 풍선과 꽃으로 장식되어 있는 것을 보면 어떤 느낌이 들까? 대부분의 기업에서 생일 축하 활동은 간단한 케이크나 과자 그리고 음료수 등을 놓고 노래를 부른 다음 각자 자기 자리로 돌아가는 정도로 정례화되어 있다.

늘 그렇고 그런 부서의 생일 파티를 생각하던 구성원이 자신의 생일날 자신의 책상과 의자가 전혀 다르게 꾸며져 있는 것을 볼 때, 그 구성원은 하루 종일 신이 나 일을 몇 배 더 해도 피곤하지 않을 것이다. 뿐만 아니라 자신의 생일을 진정으로 축하해 주기 위해 노력해 준 구성원들에 대한 고마움을 오래도록 기억할 것이며, 그 감동을 깊이 새겨 둘 것이다. 이러한 고마움은 구성원들 간의 협력을 높이며 서로에 대해 보다 깊은 관심을 가지고 배려하는 부서의 분위기를 만드는 데 도움이 된다.

생일을 맞은 구성원을 특별히 배려하기 위한 장식으로는 풍선 이외에도 다양하다. 예컨대 예쁘게 꽂힌 꽃 한 다발이라든지, 부서 구성원들의 수만큼 들어 있는 장미꽃 다발이라든지, 책상에 올려놓을 수 있는 화분, 코믹한 캐릭터 소품, 엉뚱한 글귀가 인쇄된 티셔츠 등 많은 것들이 가능하다. 구성원들의 정성이 빚어 내는 감동이 가장 값진 것이다. 이때 생일 전날 본인 모르게 책상과 의자를 장식해 주면, 다음 날 극적인 효과를 가져올 수 있다. 이러한 생일 축하 활동을 보면서 구성원들은 자신의 생일 때에는 무엇이 준비되어 있을까 하는 기대감을 갖게 된다. 리더는 자기 혼자만의 아이디어로 할 것이 아니라, 구성원들 중에서 두세 명씩 선정하여 새로운 아이디어로 생일을 맞이한 구성원의 책상을 장식하도록 한다.

액션 화두
리더인 나는 생일을 맞은 구성원들의 책상을 어떤 특별한 방법으로 꾸며 주는가?

실천을 위한 작은 용기

취지를 설명하고 구성원들의 아이디어를 모아 바로 실천하도록 한다. 여러 아이디어를 한꺼번에 적용하기보다, 한 번에 하나씩 적용하도록 한다. 위에서 언급한 아이디어 또는 이와 비슷한 아이디어는 팀의 분위기를 가족적으로 만드는 데 기여할 것이다.

만일 나중에 한번 해 보겠다든지 그렇게까지 할 필요가 없다고 생각한다면 재미있는 일터는 그것으로 끝이다. 그래서 리더는 실천을 위한 작은 용기가 필요하다. 작은 용기는 커다란 변화의 출발점이다.

재미있는 일터를 향한 리더의 명상

끊임없이 도전하는 한, 당신은 결코 실패자가 아니다.

- 마이크 디트카 -

Part 4

재미있는 회의, 생산적인 회의가 되도록 하라

기업에서 많은 시간이 크고 작은 회의로 흘러간다. 어려운 과제를 부여 받아도 도전해 보겠다는 의욕이 넘쳐나는 회의는 없는가? 또 처한 상황이 어렵다고 해도 자신이 해야 할 일에 대해 자부심이 넘쳐나는 그런 회의는 없는가? 자신의 상사를 대하는 것이 즐거운 회의는 없는가?

회의를 재미있게
진행해야 하는 이유

기업 조직의 활동 단위인 팀에서는 크고 작은 회의가 많다. 팀의 공동 목표를 달성해 가는 과정에서 다양한 형태의 회의는 늘 있기 마련이다. 일반적으로 팀 내 회의는 두 가지로 구분할 수 있는데 정보를 공유하기 위한 것과 의사 결정을 위한 것으로 나누어 볼 수 있다. 정보 공유를 위한 회의는 전달할 내용을 사전에 잘 정리하여 전달하고 필요한 질문을 받고 대답하는 형식으로 진행된다. 반면에 의사 결정을 위한 회의는 팀장과 구성원들 간에 상호작용을 바탕으로 문제 해결 형식으로 진행되는 경우가 대부분이다. 이때 회의 분위기는 구성원들이 열린 마음으로 의견을 자유롭게 개진할 수 있도록 해야 한다. 정보 공유 회의는 팀장 주도로 일방적으로 진행될 수 있는 데 반하여 의사 결정을 위한 회의는 구성원들의 참여가 회의 성공의 결정적 요인이 된다.

회의의 효과와 효율을 높여 회의의 생산성을 높이려면 가장 먼저 팀장과 구성원들 간의 신뢰가 전제되어야 한다. 상하 간에 신뢰가 낮다면 대개의 경우 일방적인 회의로 끝나게 된다. 회의를 재미있게 이끌고자 하는 것은 구성원들과의 신뢰를 축적하고 회의의 생산성을 높이기 위한 노력이다. 그렇다면 당신은 리더로서 회의를 재미있게 이끌기 위하여 어떤 노력을 하고 있는가? 또 당신이 주관하는 회의는 회사 내 다른 팀의 회의와 어떤 차이가 있는가? 한 가지 명확한 것은 팀을 이끌고 있는 리더는 회의를 효과적이고 또 재미있게 이끌 책임이 있다.

기업에서 정보를 공유하고 안건을 처리하고 문제를 해결하는 데 가장 많이 활용되는 방법이 회의다. 구성원들은 누구나 이런저런 회의에 참석한다. 특히 임원과 관리자들은 업무 시간의 상당 부분을 회의에 할애한다. 그럼에도 불구하고 회의가 얼마나 생산적인지, 업무에 얼마나 도움이 되는지에 대해서는 많은 구성원들이 의문을 제기한다. 심지어 어떤 구성원들은 회의를 왜 하는지 모르겠다며 냉소적인 태도를 보인다. 회의란 모든 구성원들이 적극적으로 참여해서 솔직하고 활발하게 의견을 주고받는 가운데 문제를 해결하고 일에 대한 의욕을 재충전할 수 있는 기회이다. 그런데 몇 사람의 이야기로만 회의가 진행된다면 왜 다수가 모여서 회의를 하는가? 조용히 앉아 있다가 해야 할 일과 스트레스만 받아 가는 회의는 과감하게 바꾸어야 한다.

리더는 구성원들의 창의성과 열정, 책임감 그리고 한번 해 보자는 도전 의지가 넘치는 회의 분위기를 만들어야 한다. 구성원들이 하나둘씩 모이면 웃음과 활력이 저절로 넘치는 그런 회의가 되어야 한다. 이처럼 회의 분위기에 활력과 생동감이 넘칠 때 독창적인 아이디어가 나오는 것은 물론, 끝까지 해 내겠다는 사기와 책임감도 자연스럽게 높아진다. 회의의 효율과 생산성을 높인다고 고리타분하게 사전 준비만 강조할 것이 아니라 먼저 회의 분위기를 생동감 있게 만들어야 한다. 분위기가 무겁고 딱딱하다면 구성원들의 마음이 얼어붙어 평소 늘 생각해 오던 좋은 아이디어도 순간적으로 떠오르지 않는다. 사전 준비를 아무리 많이 한다고 해도 회의 자체가 부담스러우면 준비한 것을 말하는 것도 어색하고 스트레스만 늘 뿐이다. 따라서 구성원들이 보다 솔직하고 자유롭게 그리고 적극적으로 자신의 생각을 주고받으면서 일에 대한 도전 의식을 높이려면 무엇보다도 회의 분위기에 활력을 불어넣어야 한다. 회의의 생산성은 바로 회의의 활력에서 비롯된다.

회의를 재미있게 하면 일 자체도 재미있다. 회의에서 재미있는 활동이나 사례 또는 유머는 회의 분위기를 부드럽게 하고 구성원들의 적극적인 참여를 이끌어 내는 훌륭한 촉진제다. 이러한 활동은 특히 상하 간의 심리적 거리를 줄여 솔직한 대화를 촉진한다. 결국 회의 분위기를 보다 재미있게 만들려는 것은, 구성원들이 보다 솔직하게 자신의 생각과 느낌을 이야기하고 구성원들 간의 스트레스를 줄여 심각한 문제라도 적극적으로 풀어 내기 위함이다. 또한 재미있는 회의 진행은 구성원들이 회의 주제에 대하여 보다 창의적이고 도전적으로 접근할 수 있도록 한다. 그래서 회의가 재미있을수록 일에 대한 구성원들의 자발적 몰입과 헌신이 높아진다.

    회의 분위기를 재미있게 하려면 말만으로는 안 된다. 때때로 좀 엉뚱한 방법을 쓸 필요가 있다. 인디애나에 있는 지티이GTE 데이터 서비스는 주례 회의 진행자가 디즈니 캐릭터의 하나인 구피Goofy 모자를 쓰고 나타난다. 그리고 디즈니 만화에 나오는 구피와 같이 코믹한 행동을 보인다. 물론 참가자들도 돌아가면서 구피의 역할을 한다. 구피 캐릭터와 같은 행동과 말투로 회의의 내용을 전달하고, 의견을 모으고, 안건을 처리하며, 회의에 올려진 문제를 해결한다. 일리노이 주에 있는 에이지아이AGI 사의 최고 경영자인 리차드 블록은 월례 회의를 시작할 때, 참가자들에게 자신을 가장 당혹스럽게 만들 수 있는 질문을 하도록 제안한다. 그는 항상 질문자 중에서 가장 당혹스러운 질문을 한 사람에게 간단한 시상을 하는 것으로 회의를 시작한다. 최고 경영자의 이런 노력은 구성원들의 심리적 거리감을 줄여 의견을 자유롭게 개신하도록 하기 위한 것이다. 또 어떤 회사는 회의를 진행할 때 장난감을 가지고 노는 것으로 시작한다. 물론 이런 모든 활동은 회의 초기에 아이스 브레이킹ice-breaking, 즉 친밀감 형성과 자유로운 분위기 조성에 기여한다. 심각한 주제를 다루는 회의라도 시작이 재미있으면 구성원들이 보다 적극적으로 참여하고 독창적인 의견이 보다 활발하게 분출된다.

재미있는 일터를 향한 리더의 세 번째 선언문

　나는 나의 부서를 일하기에 가장 재미있는 곳으로 만들 것이다. 나는 이를 위하여 내가 주관하는 모든 회의를 세상에서 가장 재미있는 회의로 만들 것이다. 회의에 활력과 생동감이 넘치지 않고는 재미있는 일터가 될 수 없다. 나는 내게 주어진 소명을 다하기 위하여 나의 다짐을 실천으로 옮길 것이다. 어떠한 주저함도 없이 과감하게 나의 생각을 실천에 옮길 것이다.

　재미있는 회의를 이끌겠다는 나의 다짐은 태양처럼 뜨거우며 하늘의 별처럼 빛난다. 나는 날마다 회의를 재미있게 만들겠다는 다짐을 반복하면서 내게 주어진 소명을 위해 최선을 다할 것이다. 나는 이러한 각오를 바탕으로 지금 이 순간부터 회의 방식을 완전히 바꿀 것이다. 지금까지 내가 주재했던 회의나 내가 참석했던 회의는 지루하고 무료한 것들이 많았다. 부하 직원들은 회의에서 혹시 깨지지 않을까, 지적 받을까 노심초사했었다. 또한 회의가 진행되는 동안 나의 구성원들은 리더의 이야기를 그저 묵묵히 듣고만 있던 적도 많았다. 그동안 많은 회의는 정말 재미없었다. 많은 회의들이 하나의 형식에 지나지 않았다. 그러나 오늘 이 순간부터 나는 지금까지의 회의 방식을 완전히 거부한다. 구성원들이 함께 웃고, 함께 고민하고, 함께 이야기하며, 서로를 격려하는 그런 회의를 만들 것이다. 구성원들이 너무 놀라 어떻게 처신해야 할지 모를 정도로 나는 회의 방식을 완전히 바꿀 것이다. 그리고 새로운 회의 방식을 구성원들과 공유하며 그들의 제안을 구할 것이다.

나는 리더 위치에 이르기까지 수백, 수천 건의 크고 작은 회의에 참석하였다. 그러나 많은 회의는 지극히 형식적이었다. 나는 윗사람이 오기 전까지 아무런 생각 없이 기다려야 했다. 그러다가 상사가 나타나면 일순간 침묵과 긴장감이 돌았다. 긴장감은 회의가 진행되면서 더욱 고조되어 갔다. 그때 나는 많은 생각과 아이디어를 가지고 있으면서도 무거운 분위기 때문에 입을 열지 못했다. 어쩌다 좋은 제안이면 한번 시도해 보라는 말은 들었지만, 상사의 구미에 맞지 않는 제안이면 단번에 묵살되었다. 그래서 나 또한 다른 사람들처럼 윗사람의 이야기나 몇몇 사람들의 이야기를 듣는 것으로 회의를 마무리했다. 때로는 윗사람 혼자서 북 치고 장구 치는 회의로 끝나는 경우도 있었다. 회의는 언제나 심각해야 하며, 상사가 원하는 것을 간결하게 말해야 하는 것처럼 생각되었다.

지금 리더의 위치에 오른 나는 선배들의 답답한 모습을 그대로 답습해 타성에 젖어 있다. 처음 그런 나를 발견했을 때 나는 놀랐다. 언젠가 내가 회의를 주관하는 위치에 선다면 뭔가 다르게 할 것이라 다짐했었지만 나는 어느덧 무겁고 답답한 회의 분위기를 만드는 데 익숙해져 버렸다. 그러나 오늘 이 순간부터 나는 지금까지의 나의 모습을 과감하게 털어 버릴 것이다. 나는 새롭게 생각하고 새롭게 행동할 것이다. 나는 번개처럼 내 머리를 스치는 기발한 생각들로 회의 분위기를 대대적으로 바꾸어 갈 것이다. 나와 함께 회의에 참석하는 구성원들이 세상에서 이처럼 재미있고 열띤 토의를 해 본 적이 없다고 말할 만큼, 나는 전혀 다르게 생각하고 행동할 것이다.

그렇다. 나는 재미있는 회의를 위해 기존의 구태의연한 형식을 과감하게 털어 버릴 것이다. 나는 구성원들의 답답한 가슴을 풀어 주기 위해서라면 리더라는 체면이나 권위조차 과감하게 던져 버릴 것이다. 내게 중요한 것은 리더의 체면과 권위가 아니라 내 부하 직원들의 위축된 생각과 아이디어에 날개를 달아 주는 일이다. 나는 유머 있는 회의 주관자가 될 것이다. 나의 생각을 위축시키는 유혹들을 과감히 떨쳐 버릴 것이다. 주변에서 저 친구 갑자기 이상해졌다고 말을 해도 나는 개의치 않을 것이다. 나는 늘 새로운 생각으로 부서 회의에 신선한 바람을 불어넣을 것이다. 이 일을 위하여 나는 구성원들에게 엉뚱한 생각을 권장하고 격려할 것이다. 구성원들의 아주 작은 아이디어나 전혀 이치에 맞지 않는 듯한 말도 혼신을 다해 들으며 그 속에 감춰진 다듬어지지 않은 진주를 찾아 낼 것이다. 그리고 그 진주 같은 생각을 더욱 세련되게 다듬어 줄 것이다.

그러나 리더인 나 자신이 먼저 엉뚱해질 때 구성원들에게 엉뚱한 생각과 제안을 기대할 수 있다. 나는 나 자신이 광대가 된다고 할지라도 한 점 부끄럼이 없다. 나의 행동으로 내 부하 직원들이 용기를 얻고, 보다 활발하고, 보다 재미있게 생활할 수 있다면 그것으로 성공이다. 나는 재미있는 회의가 가장 생산적이라는 것을 확신한다. 회의에 참석하는 구성원들이 재미와 유머와 위트를 통해 자신의 생각을 자유롭게 이야기할 때, 의욕이 살아나며 도전 정신과 책임감이 솟아 오른다. 나는 부하 직원들이 제안하는 아이디어에 대해서도 판단하기보다 먼저 과감하게 시도할 것이다. 그리고 부하 직원들과 함께 한바탕 크게 웃을 것이다.

나는 먼저 실천하는 사람이 될 것이다. 실천만이 나를 타성에서 벗어나게 하며, 실천만이 나의 낡은 습관을 바꾸어 줄 수 있다. 오늘 나는 회의를 시작하기 전에 다음의 말을 마음속으로 세 번 반복할 것이다.

- 나는 리더로서 내가 주재하는 회의를 가장 재미있게 진행할 것이다.
- 나는 리더로서 내가 주재하는 회의를 우리 회사에서 가장 재미있는 것으로 만들 것이다.
- 나는 리더로서 내가 주재하는 회의를 세상에서 가장 재미있는 것으로 만들 것이다.

그렇다. 이제 나는 회의를 재미있게 만들 수 있는 일이라면 무엇이든 시도할 것이다. 아주 엉뚱한 것도 과감하게 시도할 것이다. 그것이 내 부하 직원들에게 웃음을 선사하고, 긴장된 마음을 풀어 준다면 무엇인들 못하겠는가? 이제 나는 회의를 가장 재미있고 가장 다

이내믹하게 진행하는 리더로 내 부하 직원들에게 다가설 것이다. 이제 내가 주관하는 회의는 가장 재미있는 시간이 될 것이다. 모든 구성원들은 내가 주관하는 회의 시간이 기다려질 것이다. 나는 넘쳐나는 웃음 속에 활발한 토의와 긍정적인 격려가 이어지는 분위기를 상상하면서 회의를 준비할 것이다. 어렵고 힘든 과제를 다루는 회의도 가장 재미있는 활동으로 시작할 것이다.

내 부서에서 시작된 이런 변화는 다른 리더들에게도 영향을 줄 것이다. 회의에 대한 작은 변화는 나의 부서에서 시작해서 다른 모든 부서로 퍼져 나갈 것이다. 그리고 나는 회의를 혁신적으로 바꾸어 낸 주역으로 기억될 것이다. 이를 위해 나는 지금 당장 첫 번째 회의를 다르게 주관할 것이다. 내가 주관하는 회의는 하루가 다르게 재미를 더해 갈 것이다. 재미있는 회의, 생산적인 결과, 활력이 넘치는 구성원들의 모습을 생각하면 나는 이 일을 주저할 수 없다. 나는 이 모든 것이 마음먹기에 달려 있음을 잘 알고 있다. 나는 부서 회의에 일대 혁신을 가져오는 주역으로, 회사 전체의 회의 문화를 바꾸어 내는 혁신의 전도사로 우뚝 설 것이다.

액션 아이디어 17

자기 부서만의 고유한 회의 규범을 만들어라

자기 부서만의 고유한 회의 규범을 만들어라. 이 규범은 회의를 진행하는 동안 참석자 모두가 지켜야 할 원칙과도 같다. 예를 들어, '훌륭한 생각입니다.'라고 말하면서 피드백을 시작한다든지, 질문에 '좋은 질문입니다.'라고 말하고 대응해 나간다든지, 피드백을 받은 경우 '좋은 의견을 주셔서 감사합니다.'라고 말한 다음 필요한 사항을 보충하거나 자신의 주장을 펼치든지, 어떤 내용이어도 좋다. 다만 회의를 긍정적인 분위기로 만들 수 있는 내용을 담아야 한다. 이때 미사여구로 치장된 죽은 문구보다는 매우 실용적인 문구로 두세 가지의 회의 규범을 만든다. 그리고 그 규범을 회의 시작할 때와 끝날 때 다 함께 낭독하도록 한다. 참석자들이 회의를 시작할 때 회의 규범을 함께 읽는다면 이는 자신들이 어떤 태도와 행동을 보여야 하는지를 되새겨 보는 거울이 된다. 또한 회의가 끝났을 때 함께 읽음으로써 회의 진행 시 부족했던 태도나 행동을 성찰하고 보다 나은 마음가짐을 가질 수 있는 계기를 마련해 준다. 회의 규범을 제대로 만들어 활용한다면 회의 자체가 부서의 핵심 가치를 공유하고 지킬 수 있는 좋은 기회가 된다. 회의는 서로를 배려하면서 가장 창의적으로 접근할 수 있는 기회다. 뿐만 아니라 회의는 서로를 돕고 공동체 의식을 강화할 수 있는 가장 좋은 시간이다.

액션 화두
나는 리더로서 어떤 회의 규범을 생활화하고 있는가?

회의장 분위기를 창의적으로 가꾸어라

대부분의 회의 테이블은 항상 똑같은 모습을 하고 있다. 일 년 내내 같은 모습을 하고 있다. 이런 회의장은 창의성이 살아 움직이는 곳이 아니다. 부서 회의가 열릴 때마다 다양한 아이디어를 동원해 간단하게 회의장을 꾸며 본다. 회의장을 색다르게 꾸미는 것은 참석자에 대한 일종의 배려다. 리더 또는 한두 명의 구성원들이 조금만 수고하면 많은 사람들이 재미있는 환경에서 회의 시간을 보낼 수 있다. 처음에 리더가 몇 번 수고한 다음에 구성원들이 서로 돌아가면서 회의장을 장식하도록 하면 좋은 아이디어가 많이 나온다.

회의장 분위기는 참석자들의 생각에 큰 영향을 미친다. 회의 방식에 대한 고리타분한 내용보다 먼저 회의장 분위기를 바꾸는 것이 더 효과적이다. 회의장 분위기를 쇄신하면 짧은 시간에 구성원들이 변화를 피부로 느낄 수 있다. 실제로 어떤 회사는 모형 비행기, 인형, 퍼즐 등 다양한 소품을 활용해 회의장을 꾸며 놓고 회의 참석자들이 잠시 기다리거나 휴식을 취할 때 이 물건들을 가지고 놀게 한다.

필자가 함께 일했던 한 외국 기관의 컨설턴트는 자신이 주재하는 회의를 위해 항상 서류 가방 외에 또 다른 가방을 휴대하고 다녔다. 그 가방 안에는 돌, 병, 쇳조각, 퍼즐, 장난감, 테이블 위에 까는 작은 천 등 다양한 소품들이 들어 있었다. 그 컨설턴트는 회의 시작 전에

손수건 크기의 작은 천을 테이블 중앙에 깔고 두 가지 정도의 소품을 올려놓았다. 그리고 회의가 길어질 경우에는 휴식 시간을 이용해 소품의 종류를 바꾸어 놓았다. 어떤 때에는 아주 오래된 낡은 신발도 소품으로 올라왔다. 때때로 나뭇가지도 소품으로 활용되었다.

이러한 소품들은 구성원들의 사고를 자극할 뿐만 아니라, 구성원들 간에 좋은 대화의 소재를 제공하여 친밀감을 높인다. 구성원들이 서로 친밀감을 느낄 때 회의 분위기가 밝아지며 토론도 활발하게 진행된다. 이처럼 회의장을 색다르게 장식하면 이번 회의가 종전과는 다를 것이라는 인상을 참석자들에게 심어 준다. 실제로 회의를 준비하는 사람들이 조금만 수고하면 회의장 분위기를 얼마든지 창의적으로 가꿀 수 있다.

액션 화두
나는 리더로서 구성원들을 위해 회의장을 창의적으로 가꾸고 있는가?

5분 비디오를 활용하라

대부분의 경우 회의 참석자들은 회의 시간 조금 전에 도착한다. 그래서 잠시 기다리는 동안 옆 사람과 이야기하거나 조용히 회의 시작을 기다린다. 그러다가 맨 윗사람이 도착해 자리에 앉으면 바로 회의가 시작된다. 마치 군대에서 정시에 기계처럼 움직이는 모습과 같다. 이런 환경에 익숙해지면 회의란 당연히 그런 것이라는 생각이 든다. 얼마나 재미없는 모습인가? 그러면서 회의 시간에 윗사람은 좀 더 창의적으로 생각하고, 창의적으로 일하라고 강조한다. 과연 이처럼 재미없는 환경에서 창의성을 발휘할 수 있을까? 말로만 창의성을 강조하는 곳에서는 창의적이며 생산적인 회의를 기대할 수 없다. 결국 회의 분위기를 새롭게 하는 것은 고정 관념을 깨는 작업이다.

 회의 진행 분위기를 바꾸는 방법의 하나로 회의를 시작하기 전에 비디오를 틀어 놓는다. 예컨대 팀워크가 발휘되는 농구 경기 또는 축구 경기 등을 틀어 놓을 수도 있다. 아니면 좀 더 파격적으로 사람들 간의 갈등이 표출되는 TV 연속극을 틀어 놓을 수도 있다. 그날의 회의가 도전적인 시도를 요구한다면 암벽 등반이나 탐험과 관련된 비디오를 틀어 놓을 수도 있다. 다른 아이디어로 어린이 만화 영화를 틀어 놓을 수도 있다. 회의 시작 3분 전에 틀었다가 회의 시작 시간이 2분 정도 경과하면, 진행자는 비디오를 끄면서 다음과 같은 말로 장내를 정돈하고 회의를 시작한다.

 '잘 보셨습니까?'

 '어떤 부분이 인상적이었습니까?'

 '요즘 주로 어떤 프로그램을 보십니까?'

이처럼 서너 명의 구성원들에게 질문을 한 다음에 회의 시작을 선언한다. 불과 2~3분 정도 더 투자하면 구성원들의 생각을 자극하고 구성원들 간의 관계를 부드럽게 해 회의의 원활한 진행에 도움이 된다.

액션 화두
나는 회의 진행을 부드럽게 하기 위해 진행 초기에 어떤 활동을 도입하는가?

3분 레고 게임을 활용하라

회의 시작 5분 전에 회의장에 레고를 몇 박스 풀어 놓는다. 그런 다음에 참석한 구성원들이 레고를 가지고 놀도록 한다. 이때 칠판에 주제를 적어 놓는다. 예컨대 3인 1조 또는 2인 1조로 날아가는 자동차를 만든다거나 우주선 또는 회사 로고를 만들도록 한다. 그러면 구성원들은 도착하는 대로 자연스럽게 조를 이루어 놀이를 시작한다. 물론 서로 어떻게 만들 것인지에 대하여 의견을 주고받으면서 생각을 모으는 모습을 볼 수 있다. 회의 시작 시간이 되면 2분 또는 3분 이내에 작업을 완성해 달라고 한다. 그런 다음에 시간이 되면 활동을 종료하고 참석자의 의견을 모아 가장 잘된 작품을 하나 선정한다. 선정된 작품에 대하여 간단히 시상하는 것으로 회의를 시작한다. 이때 시상은 아주 엉뚱한 품목을 포장지에 싸서 주는 형식으로 진행한다. 수상자가 상의 포장을 풀면 한바탕 웃음이 터져 나올 수 있는 아주 엉뚱한 것이면 좋다.

이처럼 회의를 시작하기 전에 구성원들이 자유롭게 생각을 주고받고, 손을 열심히 움직이고, 한바탕 웃음을 경험했기 때문에 구성원들은 회의에서 보다 솔직하게 의견을 제시하면서 보다 활발하게 참여할 수 있다.

● 참고

레고 게임뿐만 아니라 퍼즐 맞추기도 좋은 소재로 활용될 수 있다.

액션 화두

나는 리더로서 회의를 재미있게 이끌기 위해 어떤 게임을 활용할 것인가?

4단 시사 만화를 활용하라

회의장의 테이블에 신문에 나오는 4단 시사 만화를 확대 복사해서 여러 장 올려놓는다. 복사를 할 때 만화의 글씨 부분을 지워 빈칸으로 만든다. 가급적 A4 용지 크기로 확대하여 복사한다. 그런 다음에 회의 시작 5분 전에 2인 1조 또는 3인 1조가 되어 내용을 재미있는 말로 채우라고 칠판에 적어 놓는다. 내용은 회사 생활과 관련한 것으로 해야 한다고 명시한다. 그런 다음에 상품이 한 상자 있다는 것도 칠판에 적어 둔다. 그러면 참석자들이 회의장에 들어서면서 자연스럽게 조를 이루어 서로 만화의 내용을 채우게 된다. 즉 서로 생각을 주고받으면서 재미있는 내용을 창의적으로 만들어 낼 것이다. 회의 시작 시간이 되면 3분 또는 2분 이내에 종료해 달라고 한다. 그런 다음에 가장 흥미롭거나 창의적인 내용을 담은 것을 하나 선정해 표창하는 것으로 회의를 시작한다.

좀 더 재미있게 진행하려면 크레용이나 색연필을 책상에 배치하여 만화의 그림을 채색하도록 할 수도 있다. 그리고 조별로 그린 만화를 묶어 회의가 끝난 후 구성원들에게 회람시키면 생활 속의 유머로 다시 한번 활용될 수 있다. 뿐만 아니라 구성원들의 생각을 읽을 수 있는 좋은 자료가 되기도 한다. 리더는 이런 자료를 통해 구성원들의 의식을 파악할 수 있다.

● 참고

인터넷에서 다운로드 받아 만화를 활용하거나, 한 컷의 시사 평론 만화를 사용할 수도 있다. 특히 인터넷을 활용하면 다양한 그림의 만화 소재를 구할 수 있다.

액션 화두
나는 리더로서 회의를 재미있게 이끌기 위해 회의 시작 시 어떻게 친밀감을 높이는가?

수수깡을 활용하라

　　초등학교 다닐 때에 누구나 수수깡과 시침핀을 이용하여 어떤 모형을 만들어 본 경험이 있다. 또 자녀들을 키우고 있는 사람들은 자녀들이 수수깡으로 여러 가지를 만드는 것을 보았을 것이다. 수수깡은 회의의 아이스 브레이킹 소재로 훌륭하게 활용될 수 있다.

　　회의 시작 5분 전쯤에 수수깡 여러 다발을 회의 테이블에 올려놓는다. 이와 동시에 시침핀과 색종이 그리고 색색의 매직펜들을 올려놓는다. 그런 다음 칠판에 특정 주제와 수수깡 이용 규칙을 적어 둔다.

〈수수깡 만들기 콘테스트〉

- 회의 참가자들은 들어오는 순서대로 3인 1조 또는 2인 1조가 되어 수수깡을 이용하여 혁신을 상징하는 조형물을 가장 창의적으로 만드십시오. 각 조는 수수깡에 색종이를 이용하여 혁신 표어를 하나씩 부착해야 합니다.
- 최우수 상품: 웃음이 가득한 박스
- 제한 시간: ○시 ○분까지

　　이때 만들기의 종료 시간은 개회 예정 시간의 3분 이내로 한다. 예컨대 회의가 10시에 시작하기로 되어 있으면 10시 3분까지 마치도록 한다. 이처럼 회의 시작 전의 작은 활동은 회의 분위기를 재미있고 활발하게 촉진시키는 청량제와 같은 역할을 한다.

● 참고

회의 시작 전에 제작된 수수깡 모형은 회의실에 전시해 두거나 부서 내의 적절한 위치에 전시하여 순식간에 부서 환경을 색다르게 만드는 데 활용할 수 있다. 이때 사나흘 정도 전시한 다음 이 수수깡 모형은 폐기하도록 한다.

액션 화두
나는 리더로서 회의 분위기를 재미있게 하기 위해 어떤 활동을 생각하고 있는가?

눈 가면을 활용하라

주례 회의 또는 월례 회의 때 미리 공지하여 참가자들에게 종이 가면을 하나씩 만들어 오도록 한다. 가면은 대화가 용이할 수 있도록 눈 부분만 가리는 것으로 만들도록 한다. 그러면 대화를 하는 데 아무런 불편도 없으면서 딱딱한 회의 시간을 아주 재미있게 할 수 있다.

가면은 종이와 고무줄을 이용하여 만들되, 눈 부분에 구멍을 크게 뚫어 시야가 가려지지 않도록 한다. 가면을 가장 창의적으로 제작하도록 하되, 세 가지 이상의 색으로 칠을 하도록 한다. 회의에 참석하는 모든 구성원들이 가면을 쓴 모습을 상상해 보라. 평소 회의장 분위기와는 전혀 다른 모습에 저절로 웃음이 넘칠 것이다. 이처럼 리더 또는 구성원들의 독창적인 아이디어 하나가 회의 분위기를 확 바꿀 수 있다.

구성원들이 회의장에 가면을 쓰고 나타나서, 예정된 시간에 회의를 시작할 때, 서로 얼굴을 보면서 가장 재미있는 가면을 만들어 쓴 사람을 한 명 선정하여 표창하고, 소감을 한마디 듣는 것으로 회의를 시작한다. 그러면 수상자는 회의를 재미있게 잘해서 좋은 성과를 만들어 보자고 스스로 말할 것이다.

회의가 끝나면 그 자리에서 가면을 벗고자 할 것이다. 이때 사회자는 구성원들에게 자신의 자리에 돌아갈 때까지 가면을 그대로 착용하도록 당부한다. 그러면 회의장에서의 재미가 자신의 자리로 돌아가는 과정까지 연장된다. 가면을 쓰고 걸어오는 한 무리의 구성원들을 보는 다른 구성원들의 얼굴에 저절로 웃음이 나타날 것이다. 그렇게 되면 이날 하루 종일 일터 전체에서 웃음과 새로운 대화가 넘칠 것이다.

액션 화두

나는 리더로서 회의 시간 내내 분위기를 새롭게 하기 위해 어떤 고민을 하고 있는가?

액션 아이디어 24

인물 가면을 활용하라

이것은 가면을 활용한 회의 진행이지만 앞의 아이디어보다 더 파격적인 분위기를 만든다. 회의를 준비하는 사람은 사전에 구성원들의 숫자에 맞게 가면을 준비한다. 회사의 최고 경영자와 부사장, 전무, 상무 등 임원의 사진을 확대 복사한 다음에 빳빳한 종이 위에 붙여 가면을 만든다. 이때 회의 참가자의 숫자가 많으면 대통령, 유명 운동선수, 영화배우, 탤런트 등의 사진을 추가로 활용하여 얼굴의 윤곽을 따라 오려 낸다. 그런 다음에 눈과 코 그리고 입 부분에 적당한 크기의 구멍을 뚫어 놓는다. 그리고 고무줄을 묶어 착용이 간편하도록 한다. 가면을 준비할 때는 사보나 신문 또는 잡지에 있는 해당 인물의 컬러 사진을 흑백으로 확대 복사하여 이용한다. 물론 가면을 더욱 재미있게 하려면 얼굴의 특징만 살린 다음에 크레용으로 색깔을 입힌다. 이때 색깔 선정도 아주 창의적으로 한다. 예컨대 얼굴은 붉은색, 파란색 등 다양한 색을 쓰고 입술도 검은색, 회색, 녹색 등 다양하게 각각의 가면을 칠하도록 한다. 엉뚱한 생각이 보다 재미있는 결과를 만들 수 있다.

일단 가면이 준비되면 오늘은 전혀 색다른 분위기로 회의를 시작하겠다고 선언하고 가면을 나누어 준다. 구성원들이 가면을 착용하면 사람들이 갑자기 유명인의 얼굴로 바뀌면서 회의장 전체가 전혀 뜻밖의 분위기로 바뀐다. 구성원들은 한동안 웃음을 멈추지 못할 것이다. 회의 참가자들이 지위에 관계없이 모두가 한바탕 웃음을 터뜨릴 것이다. 특히 회의 중에 일어서서 발표하거나, 앞에 나와서 발표할 때면 또 다른 다이내믹한 상황이 연출된다. 특별히 앞에 나와서 발표하는 사원이 최고 경영자의 가면을 쓰고 있다면 최고 경영자의 목소리와 몸짓을 흉내 내어 발표하도록 한다. 이러한 활동은 최고 경영자와 구성원들 사이의 심리적 거리감을 줄여 주기 때문에 회의 시 솔직한 피드백을 주고받을 수 있게 한다. 특히 사원이 최고 경영자의 가면을 쓰고 발표할 때, 어떤 느낌이 드는지 시도해 보지 않고는 도저히 상상할 수 없다.

● 참고

회의가 끝날 때 각자 자신의 자리까지 계속 가면을 착용하고 가도록 한다. 만일 점심 식사 직전에 회의가 종료되면 구내식당까지 가면을 착용하고 가도록 한다. 모두에게 웃음을 선사한다는 마음으로 이렇게 하면 회사 전체가 재미있는 광경을 연출하게 된다.

액션 화두
나는 리더로서 회의를 재미있게 이끌기 위해 창의적인 아이디어를 과감하게 실천하고 있는가?

어렸을 때의 사진을 활용하라

　주례 회의 또는 월례 회의 때, 구성원들에게 어렸을 때의 사진을 한 장씩 가져오도록 한다. 사진은 반드시 두 살 이전의 사진으로 제한한다. 구성원들이 사진을 들고 회의장에 입장하면, 사진을 섞어 한 장씩 나누어 준 다음에 주인에게 돌려주도록 한다. 그러면 서로 사진의 주인을 찾기 위하여 열심히 움직이면서 누가 사진의 주인인지 확인해야 한다. 사진 주인을 찾아 어렸을 때의 모습과 지금의 모습을 비교해 보면 저절로 웃음이 나올 것이다.

　사진을 활용하여 회의에 대한 분위기를 새롭게 하는 또 다른 방법으로는 회의에 참석하는 간부 또는 임원들의 어렸을 때의 사진을 몇 장 구하여 복사한 다음에 이를 회의 테이블에 올려놓고 여기 있는 꼬마가 누구인지 알아맞히도록 한다. 만일 구성원들 중의 한 명이 누구일 것이라고 대답하면 그 이유를 간략히 묻는다. 이런 식으로 몇 사람들의 이야기를 들어 보면 회의 분위기는 저절로 부드러워진다.

액션 화두

나는 리더로서 회의 분위기를 부드럽게 하기 위해 어떤 아이디어를 사용하고 있는가?

액션 아이디어 26

혁신 사탕과 초콜릿을 이용하라

회의 중간에 발표 자료를 나누어 줄 때, 보고서의 표지에 초콜릿 또는 사탕을 하나씩 테이프로 붙여 나누어 준다. 아니면 발표를 시작하기 전에 미리 준비한 사탕, 초콜릿 또는 엿이 든 작은 바구니를 돌리도록 한다. 이때 좀 더 재미있게 하려면 사탕이나 초콜릿을 구성원들의 숫자에 맞게 다시 종이로 포장하여 사용한다. 물론 포장지에는 컴퓨터로 인쇄된 재미있는 문구를 삽입한다. 예를 들면 사탕이나 초콜릿의 이름을 새로 짓거나 구성 성분을 아주 재미있게 표현한다. 특히 500원짜리 또는 1,000원짜리의 직사각형 모양 초콜릿을 사용하는 경우 포장에 글씨를 넣기가 편리하다. 포장은 A4 용지로 출력하여 규격에 맞게 잘라 사용한다. 그리고 그 초콜릿을 받은 사람들에게 구성 성분을 크게 읽게 한 다음 옆에 있는 사람들과 함께 나누어 먹도록 한다.

〈훌륭한 일터를 만드는 초콜릿의 성분〉

신뢰 100mg, 자부심 85mg, 재미 120mg, 배려 70mg, 이기심 0mg, 피드백 150mg

〈원가 절감 초콜릿의 성분〉

원가 절감 100mg, 헌신적 노력 150mg, 협력 130mg, 칭찬 80mg, 성과 200%

이러한 예에서 보듯이 다양한 주제를 가진 초콜릿이나 사탕으로 포장하는 것이 가능하다. 회사의 비전 사탕(초콜릿), 행동 규범 사탕(초콜릿), 고객 만족 사탕(초콜릿), 혁신 사탕(초콜릿) 등 사탕이나 초콜릿의 이름을 다양하게 정하고 그에 맞는 성분을 표시한다.

회의 시간에 어려운 질문이나 당혹스러운 질문을 하는 사람에게 주제가 있는 초콜릿이나 사탕을 활용하는 것도 좋은 방법이다. 발표자는 '감사 사탕' 또는 '감사 초콜릿'을 미리 만들어 두었다가 발표 후에 좋은 지적과 질문을 해 준 분들께 감사의 표시로 건네주면 더욱 활기찬 회의 분위기를 만들 수 있다.

액션 화두
리더인 나는 발표를 재미있게 하기 위해 어떤 창의적인 아이디어를 활용하고 있는가?

회의 시 칭찬과 감사를 잊지 마라

회의를 할 때 보면 상대방의 발표에 대해 곧바로 비판적 질문을 하는 경우가 종종 있다. 이러한 질문의 내면을 자세히 들여다 보면 너는 잘못되었고 나는 맞다는 식이다. 아니면 상대방은 부족하고 나는 더 많이 안다는 식이다. 이런 태도로는 회의를 생산적으로 건강하게 이끌어 갈 수 없다. 누군가가 발표를 하거나 대안을 제시했을 때, 질문이 있다면 항상 상대방의 발표나 대안에 대한 칭찬과 인정 그리고 감사하는 마음을 먼저 표시하면서 질문을 해야 한다. 이것은 상대방에게 저항감을 주지 않으면서 자신의 생각을 이야기할 수 있는 좋은 습관이다. 예컨대 다음과 같은 표현도 좋은 예가 된다.

〈질문의 예〉
- 발표한 내용을 들어 보니 새로운 것을 많이 깨달을 수 있었는데 한 가지 궁금한 점이 있습니다.
- 그 아이디어는 아주 새롭고 혁신적이어서 나 스스로도 흥분이 되는데 혹시 이런 점은 어떻게 처리하나요?
- 발표 내용을 들어 보니 저도 그런 상황이라면 같은 생각을 가졌을 것 입니다. 아니 오히려 더 흥분했을지 모릅니다. 그런데 만일 이렇게 접근했다면 상대방이 어떤 반응을 보였을 것 같습니까?

이러한 질문의 예에서 보듯이 피드백을 주고받는 경우 항상 긍정적인 태도를 유지하도록 한다. 비록 상대방의 발표가 부실하다고 해도 바로 부정적인 피드백을 주는 것이 아니라 긍정적인 태도로 피드백을 한다. 또한 상대방의 생각에 대한 우려를 전달할 때에도 항상 상대방에 대한 이해와 인정에서 출발한다. 여기서 긍정적인 태도는 상대방의 입장에 대한 이해와 듣는 사람의 인내를 반영하는 것이다. 결국 좀 더 인내하고, 상대를 좀 더 이해할 때, 서로 간에 보다 생산적이면서도 재미있게 회의를 이끌어 갈 수 있다.

> **액션 화두**
>
> 나는 리더로서 회의 진행 시 칭찬과 감사 그리고 인정이 습관화되도록 무엇을 지원하는가?

리더는 부하 직원들의 이야기를 많이 들어라

리더들 중에는 회의를 한다고 부하 직원들을 소집한 다음에 자신의 이야기로 일관하는 사람이 있다. 이런 사람은 마치 모든 것을 알고 있다는 듯이 여기저기서 읽은 내용이나 들은 내용을 바탕으로 계속 자기 이야기만 늘어놓는다. 그리고 부하 직원들이 무엇인가 하나 이야기하면 자신의 지식을 자랑이라도 하듯이 온갖 예를 들면서 자신의 이야기를 다시 늘어놓는다. 부서에서 리더가 이런 모습을 보이면 부하 직원들은 마음속으로 '우리 상사는 원래 그런 사람이야, 또 시작이구나!' 하는 생각을 한다. 그러면서 겉으로는 들어 주는 척한다. 이때 리더는 부하 직원들이 자신의 이야기를 잘 듣고 있다고 오해를 하며 더 열을 올린다. 그러면 부하 직원들은 머릿속으로 엉뚱한 생각을 하면서도 장단을 맞추느라 열심히 고개를 끄덕여 댄다.

회의를 보다 재미있고 생동감 있게 하려면 리더는 무엇보다도 자신의 이야기를 자제하고, 부하 직원들의 의견을 많이 들어야 한다. 그리고 부하 직원들이 스스로 문제점을 깨달아 새롭게 정리할 수 있도록 직접적인 지적이나 질책보다는 긍정적인 질문으로 부하 직원들의 생각을 자극해야 한다. 이때 부하 직원이 자신의 생각을 고쳐 아주 좋은 의견을 내놓으면 리더는 미리 그 답안을 알고 있었다고 하여도 부하 직원의 새로운 의견에 대하여 새로운 것을 배우는 계기가 되었다면서 칭찬과 인정을 아끼지 말아야 한다. 리더의 이러한 자세는 부하 직원들로 하여금 자기 스스로 해냈다는 자부심이 들도록 하여 부하 직원들이 자기 일에 보다 몰입하고 헌신하는 동기를 만들어 준다.

액션 화두

리더인 나는 회의할 때 부하 직원의 의견을 부하 직원의 입장에서 듣고 있는가?

3분 사례 발표나 표창을 생활화하라

회의를 시작할 때 3분 정도를 할애하여 부서 내의 우수 사례를 발표하도록 한다. 비록 회의에 참석하지 않는 구성원이라도 최근에 우수한 결과를 만들어 냈다면, 그 구성원을 초청하여 간략하게 3분 발표를 부탁한다. 아니면 그 구성원을 회의에 초청하여 여러 사람들 앞에서 성과를 인정하고 작은 시상을 한다. 물론 초청을 받은 사람이 회의 참석 대상자가 아니라면 간략한 3분 사례 발표 또는 작은 시상 후에 자신의 자리로 돌려보낸다.

이때 회의장에서 우수 사례를 발표하였거나 표창을 받은 구성원이 일을 하면서 어떤 생각을 가질 것인지를 상상해 보라. 그것은 기대 이상의 효과를 가져온다. 또한 이러한 기회를 만드는 리더도 자신의 역할에 대해 흐뭇해질 수밖에 없다. 회의 진행 시 이러한 작은 활동은 탁월한 성과를 격려하고 인정하는 리더상을 구현하는 데 많은 도움이 된다. 또한 인정을 받은 구성원의 입장에서도 작은 인정과 칭찬은 돈보다 더 중요한 동기 요인이 된다. 그뿐만 아니라 인정은 부서에 대한 자부심도 높여 준다.

부서의 규모가 클 때는 사례 발표 자체로도 중요한 동기가 되지만 부서의 규모가 작은 경우에는 사례를 이미 전체 구성원들이 잘 알고 있기 때문에 작은 표창 또는 감사의 표시가 중요한 동기가 된다. 만일 부서의 규모가 작은 곳에서 인정 또는 표창을 활용한다면 작은 꽃바구니 또는 책상에 올려놓고 볼 수 있는 소품이나 집에 가져갈 수 있는 먹을거리를 감사의 표시로 활용한다.

이처럼 간략한 사례 발표 또는 작은 표창을 정기적으로 하면 이는 부서의 재미있는 문화로 정착될 수 있다. 구성원들의 탁월한 성과를 재미있는 방법으로 격려하고 인정하는 작은 활동이 부서의 문화가 될 때, 일에 대한 구성원들의 태도도 보다 긍정적으로 강화된다. 그러나 리더가 이런 활동을 한 번 실시하고 나서 더 이상 진행시키지 않는다면 이러한 아이디어는 순간의 재미에 지나지 않게 된다.

액션 화두
리더인 나는 부서 구성원들의 탁월한 성과를 어떻게 인정하고 감사를 표시하는가?

곤혹스러운 질문에 감사하라

다수가 참석하는 회의에서 때때로 어려운 질문 또는 곤혹스러운 질문을 하는 사람들이 있다. 물론 질문자는 발표 사항에 대해 궁금한 점이 있거나 문제점을 느끼기 때문에 질문을 한다. 대개의 경우 이런 사람들은 발표가 끝나자마자 손을 들고 자신의 생각대로 비판적인 생각을 쏟아 낸다. 질문자가 상대를 곤란하게 만들기 위해 그런 것은 아니라 하여도 발표자로서는 마음이 여간 불편한 것이 아니다. 심지어 기분 나쁘게 느껴지는 경우도 있다. 특히 아주 작은 사항 하나에 대해 부정적인 질문을 들이대면서 마치 전체를 다 부정하는 것 같은 모습을 보이기도 한다. 비록 발표자는 체면 때문에 아무렇지도 않은 듯 답변하지만 마음 한편에서는 질문자에 대한 반감이 생긴다. 이런 모습은 재미있는 일터의 모습이 아니다.

그렇다면 이런 질문자를 어떻게 처리할 것인가? 대개의 경우는 답변하는 것으로 끝이 난다. 그러나 발표자가 상황을 조금 재미있게 이끌고 싶다면 작은 선물 하나를 예쁘게 포장하여 준비하고 있다가 가장 어려운 질문을 한 사람에게 이 선물을 건넨다. 발표자는 자신의 발표와 질의응답을 끝내고 자리로 돌아오기 전에 좋은 지적을 해 주셔서 고맙다고 선물을 건넨다. 이처럼 발표자가 자신을 곤란하게 만든 사람에게 오히려 칭찬의 말과 더불어 선물을 건넨다면 회의 분위기는 순간적으로 다시 부드럽게 된다. 이처럼 작은 행동 하나로 인해 **발표자**뿐만 아니라 참석자들 모두 마음의 여유를 가질 수 있다. 어렵거나 곤란한 질문을 한 사람에게 오히려 칭찬과 고마움을 표시한다면 전체 회의장 분위기가 경색되는 것을 막을 수 있다. 또한 발표자의 여유 있는 마음으로 인해 질문자나 발표자 모두 서로 좋은 관계를 지속할 수 있다. 특히 리더가 이러한 모습을 보인다면 구성원들도 앞으로 질문자를 어떻게 대해야 할지 스스로 느끼는 것이 많아진다. 결국 리더의 작은 모범 하나가 구성원들에게 많은 교훈을 남겨 준다.

액션 화두
나는 리더로서 가장 곤란한 질문을 한 사람을 어떻게 대하는가?

작은 컬러 용지를 피드백 용지로 활용하라

회의의 목적은 참석한 사람들이 발표되는 내용이나 안건에 대해 의견을 주고받으면서 최선의 대안을 찾아내기 위함이다. 또한 회의에서 공유되는 정보를 어떻게 활용할 수 있는가에 대한 피드백을 주고받기 위한 모임이다. 그럼에도 불구하고 대부분의 회의를 보면 극히 적은 일부의 사람들만 발표 내용에 대해 질문을 하거나 피드백을 한다. 그리고 다수 구성원들은 침묵을 지키고 있다. 어떤 사람들은 남들 앞에서 이야기하는 것이 어색해서 좋은 생각이 떠올라도 그냥 침묵으로 일관한다. 그런가 하면 어떤 사람들은 발표 내용을 건성으로 듣고 지나치는 경우도 많다. 결국 여러 사람들이 회의에 참석한다 해도 일부 사람들만 의견을 주고받는다.

회의할 때 자신이 발표하고자 하는 자료의 표지에 명함 두 배 정도 크기의 컬러 용지를 붙여 둔다. 그런 다음에 자신의 발표 시간이 오면 발표 내용에 대해 한마디씩 좋은 제안을 그 용지에 적어 달라고 부탁한다. 그러면 많은 제안 또는 피드백을 받을 수 있다. 이러한 방법을 쓰면 침묵하고 있는 많은 사람들의 의견이나 대안을 들을 수 있다. 또한 이러한 활동은 참석자들로 하여금 좀 더 관심 있게 발표 내용을 살피도록 하는 효과가 있다. 발표자는 가급적 컬러 용지를 사용해서 발표 자료의 용지 색깔과 구분이 되도록 한다. 그리고 컬러 용지 위에 '솔직한 피드백에 감사합니다.'라는 한마디를 적어 놓거나 감사를 표시하는 만화 그림을 붙여 놓는다.

액션 화두
나는 리더로서 회의 때 구성원들의 피드백을 충분히 구하고 있는가?

회의를 마치는 의식을 만들어라

부서 내에서 소규모 회의를 마칠 때, 회의 진행에 대해 한마디씩 코멘트를 하도록 한다. 구성원들은 돌아가면서 오늘 회의에서 가장 좋았던 점과 향후 개선해야 할 점을 각각 하나씩 말하도록 한다. 물론 회의 진행자는 맨 마지막으로 자신의 생각을 이야기하면서 구성원들의 피드백에 감사를 표하는 것으로 회의를 마친다. 회의의 진행 방법에 대해 개선이 필요하다고 주장하기보다, 소규모 회의 때 이러한 방법을 지속적으로 활용하면 자연스럽게 회의 진행 방식을 개선할 수 있다.

회의 진행에 대한 코멘트를 주고받는 방법은 다섯 명 내외의 인원이 참석하는 회의에서 사용할 수 있는 것으로 회의 때마다 정기적으로 실시하면 효과가 높다. 즉, 이것을 회의를 운영하는 프로세스의 하나로 사용하도록 한다. 그러나 회의의 규모가 크면 구성원들이 한 명씩 돌아가면서 자신의 의견을 이야기하는 것은 현실적으로 어렵다. 이럴 경우 진행자는 몇 사람의 코멘트를 들은 후, 회사의 핵심 가치 또는 혁신 목표를 함께 합창하면서 힘찬 박수를 치는 것으로 폐회를 선언한다.

액션 화두
나는 리더로서 회의를 어떤 식으로 종료하는가?

구성원들을 이해하기 위해 노력하라

회의할 때, 리더가 어떤 행동을 보여 주느냐에 따라 회의의 분위기가 달라진다. 누군가가 발표를 하거나 질문을 하면 대부분의 리더는 자신의 기준에 따라 상대방의 의견을 대한다. 특히 부서를 책임지고 있는 리더는 부서 전체의 입장에서 문제를 보기 때문에 이런 경향이 심하다. 부서의 리더는 오랜 시간을 통해 축적한 경험이 있을 뿐만 아니라 윗사람의 의중을 보다 가까이서 파악하고 있다. 또한 리더는 부서 구성원들과는 달리 업무를 전체적인 시각에서 바라볼 수 있는 입장에 있다. 그렇기 때문에 리더는 구성원들과는 달리 부서에서 어떤 일이 이루어져야 할지에 대해 나름대로 자신의 생각을 갖고 있다. 리더가 갖고 있는 생각이란 대개의 경우 일의 결과에 대한 것이다. 그래서 회의할 때 구성원들이 무엇인가 발표를 하거나 자신의 생각을 이야기하면 리더는 자신이 설정한 틀에 비추어 바로 판단해서 반응한다. 그러나 이러한 리더에게서는 구성원을 이해하고자 하는 태도를 찾아 보기 어렵다.

리더는 구성원들의 생각을 이해하고자 노력하는 가운데 어떻게 하면 구성원들이 일을 보다 잘할 수 있을까 하는 관점에서 구성원들의 의견을 대해야 한다. 리더는 철저하게 상대방의 입장에서 이해하고 생각하는 자세가 필요하다. 회의를 재미있게 하려면 무엇보다도 리더가 구성원들의 생각을 존중하고, 구성원들의 생각을 이해하기 위해 노력해야 한다. 이를 위해 리더는 자신의 생각을 앞세우기보다 구성원들이 왜 그런 생각을 하고 있는지 먼저 이해하기 위해 노력해야 하며, 자신의 생각을 설명할 때에도, 자신의 입장을 내세우기보다 구성원의 입장에서 설명하기 위해 노력해야 한다. 그런 다음에 자신이 어떻게 하면 구성원들에게 도움이 될 수 있는지를 생각해야 한다. 리더의 이런 자세가 바탕이 될 때, 재미있는 회의, 재미있는 업무 생활이 부서에 뿌리를 내릴 수 있다.

액션 화두

나는 리더로서 회의할 때 구성원들의 생각을 이해하기 위해 얼마나 노력하는가?

실천을 위한 작은 용기

여러 구성원들과 함께 모여 진행하는 회의의 분위기가 무겁고 팀장의 일방적인 이야기로 끝난다면 그것은 회의가 아니다. 단지 특정 사안에 대한 통보에 지나지 않을 뿐이다. 이제 모든 구성원들이 열린 마음으로 자신의 생각을 자유롭게 개진하면서 보다 생산적인 결론을 만들어 가야 한다. 그러기 위해서는 회의 분위기와 회의 방식을 좀 더 창의적으로 이끌 수 있도록 팀장은 용기를 내어 실천해야 한다. 진부한 회의와 무거운 회의로 일관한다면 재미있는 팀이 될 수 없다.

따라서 팀장은 다시 한번 용기를 내어 회의 분위기와 형식을 바꾸어야 한다. 오직 용기와 실천만이 회의 문화를 바꿀 수 있다.

재미있는 일터를 향한 리더의 명상

이제부터 인생의 성공에 대한 정의는 반드시
다른 사람에게 봉사하는 것을 포함해야 한다.
- 조지 허버트 워커 부시 대통령-

Part 5

팀에 활력을 불어넣어라

목표를 공유하고, 업무 과제를 수행하고 그 결과에 대해 평가를 받는 과정에서 활력이 넘치고 있는가? 때로는 기대하는 성과를 달성하지 못했지만, 다시 해 보겠다는 생각으로 활력과 보람이 넘치는 그런 일터는 없는가?

팀의 활력을
외치는 이유

활력이 넘치는 부서의 구성원들은 무엇이든 성취하고자 하는 강한 욕구를 보인다. 구성원들은 누가 시키지 않아도 서로 배려하고 협력하는 가운데 서로의 성장에 도움이 되는 일을 추구한다. 이런 부서의 구성원들은 새로운 모험을 즐기며, 도전적인 일들을 과감하게 시도한다. 이런 부서에서는 누군가가 아이디어를 내면 서로 그것을 격려하면서 함께 시도하고자 한다. 그들은 일하는 것이 즐거우며 성과를 낸다는 것이 바로 자기의 성장이라는 생각이 강하다. 그래서 활력이 넘치는 조직의 구성원들은 어렵고 힘든 일도 재미있게 헤쳐 나간다. 그렇기 때문에 활력이 넘치는 부서에서는 시너지 효과가 높다. 이러한 활력은 조직의 목표를 기대 이상으로 달성해 가는 고성과 조직을 구현하는 밑거름이 된다.

반면에 활력이 낮은 부서의 구성원들은 대체로 타성에 젖어 새로운 일을 시도하려 들지 않는다. 이런 곳에서는 서로에 대한 신뢰가 낮기 때문에 상대방의 생각에 대해 부정적으로 보는 경향이 강하다. 그래서 그들은 새로운 제안이나 시도를 하기보다 현실에 안주해서 생활한다. 이런 부서의 구성원들은 자신의 일 외에는 다른 구성원들의 일에 별 관심을 보이지 않는다. 이러한 분위기에 익숙해지면 구성원들은 일 자체가 노동이라는 생각을 갖게 되어 조금만 힘들어도 쉽게 포기하거나 불평을 늘어놓는다. 또한 많은 구성원들이 누군가 새로운 제안을 하면 일이 늘어날까봐 생각해 귀찮아 한다.

부서에 활력을 높이려면 무엇보다도 구성원들 간에 관계의 질을 높여야 한다. 구성원들 간에 관계의 질을 가장 극적으로 표현하는 개념이 신뢰이다. 즉, 관계의 질이 높다는 것은 신뢰가 높음을 의미한다. 이것은 구성원 각자가 서로 상대방으로부터 신뢰를 얻을 수 있도록 생각하고 행동하는 것을 의미한다. 스티븐 코비가 지적했듯이 신뢰는 구성원들을 하나로 묶는 접착제로, 협력적 사고와 행동을 촉진시켜 부서의 활력을 강화한다. 부서에서 구성원들 간에 신뢰가 낮다면 서로 자기 중심적으로 행동하기 때문에 서로에 대한 관심과 배려 그리고 자발적 협력을 기대하기 어렵다. 따라서 부서의 활력을 높이려면 리더 스스로 부하 직원들로부터 신뢰를 얻을 수 있는 행동을 일관성 있게 보여야 한다. 마찬가지로 구성원들도 상대방과의 관계에서 신뢰를 높일 수 있는 행동을 보여야 한다. 부서에서 구성원들 간에 부정적인 생각과 불신이 팽배하면, 필요 없는 일로 부서의 에너지가 소모된다.

단순히 팀의 목표를 명확히 하고 팀의 권한을 강화한다고 부서의 활력이 높아지는 것은 아니다. 리더는 먼저 부서 내에 팽배해 있는 불신의 요소, 부정적인 생각과 태도를 제거하는 일부터 해야 한다. 대체로 리더가 자신의 지위에서 비롯되는 권위와 힘에 의존하여 구성원들을 통제하고 감독하려 한다면 구성원들은 수동적으로 변한다. 따라서 부서의 활력을 높이기 위해서 리더는 먼저 구성원들 간에 신뢰와 협력 그리고 고마움을 촉진할 수 있는 작은 활동을 많이 추진해야 한다. 그렇다면 팀의 활력을 높이기 위해 누가 어떤 행동을 할 것인가? 부서의 중심에 있는 리더는 부서에 활력을 불어넣을 수 있는 작은 생각을 행동으로 옮기는 용기와 열정을 가져야 한다. 리더의 용기와 열정 없이 성취할 수 있는 일터의 변화는 아무것도 없다.

재미있는 일터를 향한 리더의 네 번째 선언문

　과연 나의 부서는 우리 회사에서 가장 활력이 넘치는 곳인가? 아니다. 그렇다면 나는 리더로서 나의 의무와 책임을 다하지 못했다. 지금부터 나는 이러한 반성을 시작으로 나의 부서를 우리 회사에서 가장 활력이 넘치는 일터로 만들 것이다. 아니 세상에서 가장 활력이 넘치는 곳으로 만들 것이다. 이를 위해 내가 리더로서 제일 먼저 해야 할 일은 바로 지금 이 순간부터 부하 직원에 대한 나의 인식을 바꾸는 것이다.

　지금까지 나는 부하 직원들이 못마땅할 때가 많았다. 그들이 하는 일은 언제나 미흡했다. 물론 실수도 많았다. 부하 직원들은 내가 시키지 않으면 움직이지 않았다. 부하 직원들은 주인 의식이 없었으며 책임감도 없었다. 부하 직원들은 언제나 무엇엔가 주눅이 든 것처럼 보였다. 부하 직원들은 내가 솔직한 피드백을 요구할 때에도 적당히 얼버무렸다. 그렇듯이 부하 직원들은 항상 시키지 않으면 움직이지 않았던 그런 사람들로 내 머릿속에 박혀 있다. 그래서 나는 항상 리더의 자리는 힘겨운 것이라고 생각했다. 나는 이러한 생각들 때문에 부하 직원들을 대할 때면 부정적인 생각이 앞섰다. 나는 잘하고 있는데 부하 직원들은 나를 제대로 따라 주지 않는 것처럼 보였다. 이런 생각 때문에 나는 자주 부하 직원들을 탓하면서 생활해 왔다.

　그러나 나는 그 모든 부정적인 생각의 중심에 바로 나 자신이 있음을 인정한다. 나는 리더로서 부하 직원들의 성공과 성장을 위해 무엇을 해 주었는가? 나는 부하 직원들을 위하여 어떤 전문적인 도움을 주었는가? 나는 움직이지 않으면서 부하 직원들이 원하는 대로 따라 주지 않는다고 탓하였다. 나의 부정적인 생각의 이면에는 이기적인 생각이 도사리고 있었다. 나는 리더라는 생각에 사로잡혀 부하 직원들을 돕는 일에는 인색한 채 시키는 일만 많았다. 나의 부정적인 생각들이 부하 직원들의 마음을 무겁게 했다. 나의 부정적인 생각이 이들을 시키지 않으면 움직이지 않는 수동적인 존재로 만들었다. 나는 지금 나의 리더십 부족을 솔직하게 인정하고 반성한다. 나의 반성은 이제 나 자신을 둘러보고 리더의 자리를 새롭게 인식하게 해 준다. 내가 훌륭한 리더로 인정받고 싶은 것처럼 부하 직원들도 인정받고 싶으면서 성장하고 싶어 한다. 나는 이제 부하 직원들의 성공과 성장이 바로 나와 조직의 성공이라는 점을 겸허하게 받아들인다.

그렇다. 나는 오늘 이 순간부터 나의 일터에 긍정적인 에너지를 새롭게 불어넣을 것이다. 지금까지 내가 가졌던 부정적인 생각들을 모두 바꿀 것이다. 부하 직원들의 일이 미흡하면 그것은 부하 직원의 책임이 아니라 리더인 나의 책임이다. 내가 부하 직원들을 긍정적으로 대하면 부하 직원들도 긍정적으로 행동할 것이다. 내가 부하 직원들을 부정적으로 대하면 그들도 부정적인 자세를 보일 것이다. 부하 직원들은 바로 내 행동의 거울이다. 이제 나는 나의 부하 직원들을 믿는다. 그들은 강한 책임 의식을 가지고 있으며 어떤 업무가 주어지더라도 끝까지 수행해 낼 수 있는 놀라운 능력을 가진 사람들이다. 그들은 자신의 실수를 배움의 기회로 삼아 더 높은 목표를 향하여 도전할 수 있는 사람들이다. 그들은 누가 시키지 않아도 자신의 삶을 충실히 살아가는 존엄한 존재이다. 그들은 언제나 활기차게 일할 수 있는 힘을 갖고 있다.

내가 부하 직원들을 소중한 존재로 인식할 때, 이들은 내게 가슴 벅찬 감동으로 다가온다. 그들은 나의 부족함을 감싸 주며 기꺼이 나와 함께 조직의 목표를 향해 자신의 삶을 헌신하는 존재이다. 나는 나와 함께하는 부하 직원들을 항상 존엄하고 소중한 존재로 인식하며 이들을 대할 것이다. 나는 부하 직원들에게 활력이 넘칠 수 있도록 나의 생각과 태도를 고쳐 갈 것이다. 나는 무한히 인내하며 부하 직원들의 성공과 성장을 위해 리더로서의 직분을 다할 것이다. 이를 위해 나는 나의 부서를 가장 활력이 넘치는 일터로 만들어 나갈 것이다. 나는 내일 회사를 떠난다고 하여도 내게 주어진 이 소명을 결코 소홀히 하지 않을 것이다. 이것은 리더로서 나의 소명이다.

나는 나 자신이 먼저 행동하고 실천하지 않으면 그 어떤 것도 변하지 않을 것임을 잘 알고 있다. 나는 내게도 두려움이 있음을 인정한다. 나는 나의 작은 변화를 바라보는 부하 직원들의 시선이 두려울 때도 있다. 혹여 나 자신이 리더로서 권위를 잃지는 않을까 걱정스러울 때도 있다. 조직의 상황이 어려움에 처할 때, 부서에 어떻게 활력을 불어넣을 수 있을지 두려울 때도 있다. 그러나 나는 나 자신이 아직도 변화에 대해 움츠리고 있다는 것에 더 큰 두려움을 느낀다. 어쩌면 나 자신의 리더십이 부족한 것을 인정하기 싫은 이기심이 가장 큰 두려움일지도 모른다. 그러나 이제 이러한 두려움도 아침 햇살에 안개가 걷히듯이 사라질 것이다. 왜냐하면 지금부터 나는 부하 직원들을 항상 긍정적으로 바라보고 긍정적으로 대할 것이기 때문이다.

그렇다. 지금까지 나의 부서에 활력이 부족했던 것은 바로 내가 부족했기 때문이다. 그러나 지금부터 나는 나의 부족한 점을 솔직하게 인정하고 내게 주어진 소명을 다하기 위해 다시 한번 도전할 것이다. 나는 항상 부하 직원들을 탓하기 전에 내가 어떻게 생각하고 행동했기에 부하 직원들의 일이 미흡했는지를 반성할 것이다. 나는 이제 이러한 자세로 부하 직원들을 대하면서 부서에 활력을 불어넣을 것이다. 나의 이러한 소망과 실천은 마침내 부하 직원들의 마음을 움직여 우리 부서에 활력을 가져올 것이다. 나의 긍정적인 생각과 행동은 부하 직원들에게 넘치는 에너지를 불러일으킬 것이다. 그들은 이제 기지개를 펴며 잠에서 깨어날 것이다. 그리고 그들은 나와 함께 더 높은 곳으로 도전하기 위해 날갯짓을 할 것이다. 나는 그들이 더욱 높은 곳을 향하여 서로를 감싸 안으며 협력해 갈 수 있도록 가장 든든한 버팀목이 될 것이다.

나는 이러한 일터의 모습을 꿈꾸면서 부서에 활력을 심어 가는 리더가 될 것을 다시 한번 다짐한다.

구성원들의 사진을 자신의 책상에 붙여 놓아라

팀장으로서 구성원들이 웃는 표정으로 찍은 사진을 하나씩 구해서 자신의 책상 위에 붙여 놓는다. 아침에 출근했을 때, 이들의 사진을 보면서 하루를 생각해 본다. 이들이 겪어야 할 어려움이 무엇인지 생각해 본다. 그리고 이들에게 어떤 격려의 말을 건넬 것인지 생각해 본다. 오늘 좋은 일이 있을 구성원을 생각해 보고 이들에게 어떤 칭찬을 할지 생각해 본다. 또 업무 과정에서 일을 그르친 구성원에게는 어떻게 코칭할 것인지를 잠시 생각해 본다.

매일 아침 구성원들의 사진을 보면서 이들을 생각해 보고 팀장으로서 무엇을 어떻게 도울 것인지 고민해 보면, 구성원들에 대한 애정과 감사가 깊어지는 것을 느낄 수 있을 것이다.

이런 일은 아주 사소하게 보이지만 구성원들을 대하는 팀장의 태도에 상당한 영향을 줄 수 있다. 구성원들의 사진을 자신의 책상에 붙일 때에는 이들에게 재미를 불어넣을 수 있는 특별한 아이디어가 생각나지 않아도, 시간이 조금 지나면 이들을 재미있게 도울 수 있는 많은 아이디어가 저절로 떠오를 것이다.

액션 화두
나는 리더로서 구성원들 한 명 한 명을 날마다 생각하고 있는가?

이메일과 유머를 활용하라

팀에 활력을 불어넣는 어려운 과제를 어떻게 시작할 것인가? 이것은 적어도 두 단계의 과정을 거쳐 자연스럽게 접근할 수 있다. 첫째, 앞에서 지적했듯이 용기를 내야 한다. 용기의 상징으로 '재미있게 일하는 팀'이라는 표어를 자신의 책상 위에 붙였다면 이제 다음 단계로 넘어가면 된다. 둘째, 처음 행동의 어색함을 줄이기 위해 이메일을 활용한다. 이메일을 활용하여 재미있는 유머 한마디를 구성원들에게 보낸다. 그리고 함께 웃으면서 일하자고 간단한 메시지를 첨부한다.

작은 행위지만, 이런 간단한 이메일을 보는 순간 구성원들은 상사를 한 번 더 생각하게 된다. 변화는 이런 작은 활동에서 시작해 꾸준한 노력을 통해 정착한다. 이러한 변화를 위해 팀장은 적절한 유머를 찾아 멘트와 더불어 이메일을 작성하는 수고를 해야 한다. 유머는 인터넷에서 얼마든지 쉽게 찾을 수 있다. 적어도 팀장이 매주 월요일에 이런 이메일을 보낸다면, 얼마 지나지 않아 구성원들은 오늘은 어떤 유머가 도착할까 하고 자신도 모르게 호기심이 생겨 팀장의 이메일이 기다려질 것이다.

액션 화두

나는 리더로서 구성원들의 피로를 덜어 주기 위한 유머 한마디를 이메일로 보내고 있는가?

액션 아이디어 36

상호 이해를 증진시켜라

동일한 팀에서 여러 해를 함께 근무했어도 서로에 대한 이해가 피상적인 경우가 대부분이다. 그러면서도 서로에 대해 잘 알고 있다고 착각을 한다. 그래서 구성원들이 서로를 잘 이해할 수 있도록 릴레이 이메일을 작성해 발송한다.

먼저 팀장이 자신이 걸어온 삶을 소개하는 글을 구성원들에게 이메일로 보낸다. 이때 백일 사진, 대학 시절의 사진, 결혼 사진, 또는 첫 아이를 안고 있는 사진 등 사진 한 장을 첨부하면 이메일이 더욱 흥미롭게 된다. 그러면서 다음에는 누가 자신을 소개하는 이메일을 보냈으면 좋겠다고 추천한다. 이런 식으로 전체 구성원들이 돌아가면서 자신을 소개하는 이메일을 발송하도록 한다.

이 작은 활동이 서로에 대한 이해를 높이는 데 도움이 된다. 이런 활동은 기본적으로 상하 간은 물론 구성원들 간에 서로 관심을 높이는 데 도움이 된다. 일터에서 재미는 상호 간의 관심을 바탕으로 서로 배려와 협력의 질을 높이는 데 기여한다. 이처럼 상호 간의 관심이 배려로 발전하고, 구성원들 간의 배려가 협력으로 이어지면서 공동체 의식이 강화된다.

액션 화두

나는 리더로서 구성원들 간의 상호 이해를 증진시키기 위해 어떤 활동을 하고 있는가?

액션 아이디어 37 먼저 부족함을 고백하라

모든 인간은 불완전하다. 부하 직원으로부터 존경을 받고 있는 리더 역시 부족함이 있기는 마찬가지다. 대부분의 사람들은 자신의 부족함에 익숙한 나머지 그것이 다른 사람들에게 어떤 불편을 끼치는지 잘 모른다. 그래서 사람들은 자신의 부족함은 보지 않고 남의 부족함 또는 남의 실수만 보는 경향이 있다.

그렇다면 당신은 어떤 사람인가? 때때로 자신의 부족함을 부하 직원들 앞에서 인정하고 이해와 협력을 구하는가? 아니면 부하 직원의 부족함만 지적하는 상사인가? 리더의 이 작은 차이가 구성원들의 생활에 커다란 영향을 미친다.

리더로서 자신의 모습을 살펴 본다. 그리고 자신의 부족함에 대하여 솔직하게 말하고 스스로 고치고자 하는 행동 하나를 적어 이메일로 구성원들에게 보낸다. 그 글을 읽은 구성원들은 자신의 상사를 탓하기보다, 솔직함에 고마운 마음을 느낄 것이다. 그리고 자신들도 용기를 내어 부족함을 인정하고 더 열심히 일하고자 할 것이다.

이런 활동을 릴레이 형식으로 하면 효과가 높다. 팀장부터 시작해서 구성원들이 한 명씩 자신의 부족함과 더불어 스스로 고치고자 하는 행동 하나를 정하여 릴레이 형식으로 전체 팀 구성원들에게 이메일을 발송한다. 이런 활동은 상하 간의 이해와 더불어 구성원들 간의 이해를 높여 부서 내 단합과 협력에 기여할 수 있다.

액션 화두
나는 리더로서 자신의 부족함을 솔직하게 인정하고 있는가?

구성원의 행동 스타일을 이해하라

부서에 활력을 불어넣는 좋은 방법의 하나는 구성원들이 서로의 행동 스타일을 이해하고 이를 자신의 행동에 적용하는 것이다. 어떤 사람들은 똑같은 문제라고 하여도 아주 간략하게 결과를 설명하는 데 반해 어떤 사람들은 논리적으로 세부적인 사항까지 설명한다. 이러한 차이는 기본적으로 개인이 가지고 있는 행동 스타일에서 비롯된다. 전혀 다른 행동 스타일을 지닌 두 사람이 함께 일할 때, 서로 상대방의 행동 스타일을 이해하지 못하면 바로 갈등을 느끼게 된다. 즉 전체적인 개요 중심으로 일에 접근하는 사람은 상대방이 너무 세세한 것까지 따진다고 생각할 것이며, 반대로 세부적인 사항까지 꼼꼼하게 따지는 사람은 상대방이 문제를 너무 쉽게 보고 대충 처리하려 한다고 생각할 것이다. 이처럼 상대방의 행동을 자신의 입장에서 바라보면 상대방이 답답하게 느껴져 수용하기 어렵다. 그러나 상대방의 행동 특성을 알고 그러한 행동 특성에 근거하여 상대방을 바라보면 상대방을 쉽게 이해하고 수용할 수 있다.

나의 행동 스타일을 이해하고, 상대방의 행동 특성을 이해하고 나서 서로 함께 일한다면 서로 간에 관계의 질을 높이는 데 많은 도움이 된다. 특히 부하 직원의 입장에서 리더가 특정 행동을 갑자기 보인다고 하여도 그러한 행동을 이해할 수 있는 논리적인 틀이 마련된다. 상대방의 행동을 이해한다면 상대방의 행동에 어떻게 대응하는 것이 효과적인지 알 수 있다. 구성원들의 행동 스타일에 대한 이해는 팀빌딩team-building을 위한 효과적인 방법이다. 상대방의 행동 스타일을 측정하는 데 널리 쓰이는 도구로는 PPS(Personal Profile System)와 MBTI(Mayers Briggs Type Indicator)를 들 수 있다. 부서의 리더는 진단과 함께 팀 학습의 형태로 구성원들의 행동 스타일을 함께 학습하면 부서의 활력을 높이는 데 많은 도움이 된다. 이때 구성원들이 특정인의 행동에 대해 원래 그런 스타일이었기 때문에 어쩔 수 없다는 식의 단정적인 생각을 합리화하는 데 도구를 사용해서는 안 된다. 행동 스타일을 이해하기 위한 도구의 활용은 나 자신을 상대방의 스타일에 어떻게 맞출 수 있으며 상대방과 함께 일을 해 나갈 때 어떻게 협력해야 서로의 갈등과 스트레스를 줄일 수 있는지를 이해하기 위한 것임을 잊어서는 안 된다. 사람들의 특성을 파악하는 진단 도구는 잘못 사용하면 서로의 차이점과 갈등만을 증폭시킬 수 있다. 따라서 리더는 구성원들과의 충분한 대화를 통해 공감대를 형성한 다음에 이러한 진단과 팀 학습을 도입하는 것이 바람직하다.

액션 화두
나는 리더로서 구성원들의 행동 스타일을 체계적으로 이해하고 있는가?

부서의 가족 공동체를 선언하라

가족 공동체는 일반적으로 함께 일하는 공동체 이상의 의미를 갖는다. 가족이라는 것은 가장 가까운 관계로 기쁨이나 슬픔, 어려움이나 즐거움 모두를 함께 나누며 살아가는 혈연 집단을 의미한다. 가족은 그 결속력이 워낙 강해 웬만한 비바람에도 끄떡없다. 가족은 서로의 아픔을 이해하고 상처를 치유해 주기 위해 노력한다. 가족은 어떤 장애물도 함께 극복해 나가며 서로에 대해 아낌없는 협력과 관심을 보인다. 이러한 가족 공동체적인 관계가 직장으로 이어진다면, 일터는 더없이 재미있는 곳이 될 수 있다.

부서를 가족 공동체의 관계로 만드는 첫 출발로 우선 리더는 구성원들과 함께 부서를 가족 공동체로 인식하는 선언문을 작성한다. 선언문의 내용으로는 구성원들이 가족 공동체의 일원으로 어떻게 생활하자는 소망을 담으면 된다. 대개 이런 종류의 선언문은 구성원들이 기억하기 좋게 짧게 작성하도록 한다. 선언문은 명함 크기의 용지에 인쇄하거나, 컴퓨터로 출력하여 명함 크기로 잘라 구성원들이 지갑이나 수첩에 보관할 수 있게 한다.

매주 또는 매월 정기적으로 실시하는 회의를 시작할 때 가족 공동체 선언문을 함께 낭독하면 좋다. 아니면 매월 특정한 날 부서 간담회를 마칠 때 이 선언문을 함께 낭독하거나 매월 특정한 날을 부서 공동체의 날로 정해 점심 식사 후 간단한 가족 공동체 행사를 하는 것도 바람직하다. 이러한 활동은 비록 작은 활동이라고 하여도 부서를 가족 공동체로 가꾸고자 하는 상징성이 크다. 이런 행동이 효과를 가져오도록 하려면 정기적으로 이 선언문을 활용해야 한다. 사우스웨스트 항공은 가족 공동체를 강조하는 회사로 유명하다. 이 회사의 경우, 신입 사원을 그냥 채용한다고 말하지 않는다. 그들은 신입 사원을 입양adoption한다는 표현을 쓸 정도로 일터에서 가족적인 공동체를 강조하고 있다. 이러한 일터에서 일하는 구성원들은 소속감이 높을 뿐만 아니라 어려운 일도 보다 즐겁게 한다.

> **액션 화두**
> 나는 리더로서 내가 책임지고 있는 부서의 구성원을 가족 공동체로 바라보는가?

도움말 카드를 주고받아라

매주 특정 요일을 도움말을 주는 날로 정한다. 그런 다음에 각자 세 명 이상의 다른 구성원들에게 도움말을 준다. 이때 모든 구성원들에게 컬러로 출력한 작은 카드를 나누어 주고 이를 활용하도록 하면 보다 효과적이다. 이러한 활동은 부서 구성원들이 서로 상대방에 대한 관심을 보여 줄 수 있는 좋은 방법이다. 구성원들 상호 간에 관심과 배려가 높아지면 그만큼 부서에는 활력이 넘치게 된다.

도움말의 종류로는 고사성어, 업무와 직접 관련된 사항, 새로운 책에 대한 추천, 자료의 출처, 명언, 좋은 시의 한 구절 등 다양한 내용이 될 수 있다. 이때 리더가 먼저 자신이 가지고 있는 카드를 각각 다른 내용으로 채워 시범을 보이면 구성원들의 창의성을 자극할 수 있다. 일단 리더가 각각의 카드에 서로 다른 내용을 담아 해당 구성원들에게 전달하면 그들은 서로 내용이 다르다는 것을 알게 된다. 그렇게 되면 두 번째 실시할 때 구성원들은 자연스럽게 보다 다양한 내용을 동원하여 도움말 카드를 작성할 것이다. 리더는 다른 구성원들이 자신에게 보내 준 도움말 카드를 자신의 책상에 붙여 놓음으로써, 다른 구성원들도 도움말 카드를 같은 방식으로 활용하도록 암시를 준다.

그러나 도움말 카드 주기 활동을 제안한다고 하여도 구성원들이 실제로 이런 활동에 적극적으로 참여하는지를 확인하기는 어렵다. 다만 리더는 서로 도움말을 주고받는 부서의 문화를 조성하기 위해 평소 구성원들에게 개별적으로 어떤 도움말을 누구에게 받았는지를 물어 보거나 부서의 소규모 회의 때 참가자들에게 각자 어떤 도움말을 주었는지를 물어 보는 식으로 이 활동에 대한 관심을 높이도록 한다.

액션 화두
나는 리더로서 구성원들에게 어떤 도움말을 주면서 부서의 활력을 높이고 있는가?

액션 아이디어 41

감사 카드를 생활화하라

일상생활에서 아무리 들어도 싫지 않은 말이 '고맙다'는 말이다. 감사의 표현은 듣는 사람으로 하여금 상대방에게 더 잘해야겠다는 마음을 갖게 한다. 또한 감사의 표현은 상대방의 성과를 인정하고 격려하는 것이다. 사람은 인정을 받을 때 자신의 존재를 귀하게 여긴다. 뿐만 아니라 자신이 지금하고 있는 일을 소중하게 여기며 일에 대한 의미를 부여하게 된다. 한 컨설팅 회사가 기업의 사원들을 대상으로 조사한 설문 결과에서 사원들을 가장 일할 맛 나게 하는 것이 바로 '인정recognition'이었다. 월급이 일할 맛 나게 한다는 응답은 5위에 머물렀다. 이처럼 천만 번 더 들어도 기분 좋은 말이 바로 '고맙습니다', '감사합니다', '참 잘했습니다'와 같은 인정의 표현이다.

구성원들의 수고에 대한 고마움의 표현으로 감사 카드thank you note를 만들어 업무 생활에 적용하면 팀의 활력을 높이는 데 도움이 된다. 감사 카드를 만들기 위해 우선 컬러 용지를 구입해 명함 두 배 정도의 크기로 잘라 반을 접어 사용한다. 아니면 감사 카드를 컴퓨터로 디자인한 다음에 컬러 프린터로 출력하여 재단하여 사용한다. 리더는 감사 카드를 여러 장 만들어 구성원들이 어렵게 보고서를 작성해 오면 이를 검토한 다음에 보고서 위에 감사의 글이 적힌 카드를 붙여 내려 보낸다. 평소에도 구성원들의 업무 결과를 인정해 주고 싶을 때 책상에 감사 카드를 올려놓는다. 어떤 때에는 작은 음료수 병이나 초콜릿에 감사 카드를 붙여 구성원의 책상에 올려놓는다. 이러한 감사 카드는 리더뿐만 아니라 구성원들도 서로 활용할 수 있다. 모르는 것을 가르쳐 주었을 때, 업무에 도움을 받았을 때, 어려운 일을 해결할 수 있도록 도와 주었을 때, 그리고 업무에 협조해 주었을 때 감사 카드를 사용하면 된다. 감사 카드는 구성원들이 서로에 대한 관심과 배려를 표현하는 방법으로 서로의 에너지를 충전시켜 주는 역할을 한다.

리더는 먼저 구성원들에게 감사 카드를 만들어 나누어 준 다음에 필요한 때 이를 사용하도록 한다. 그렇지 않으면 감사 카드의 사용 목적과 의의를 설명한 다음 구성원 각자가 창의적인 방법으로 감사 카드를 만들 것을 제안한다. 구성원들이 리더와 함께 모여 30여 분 정도의 시간을 할애하여 함께 만드는 것도 팀워크를 강화하는 한 방법이 된다. 구성원들이 힘들고 지칠 때 자신의 책상에 놓인 감사 카드는 일종의 청량제와 같다. 이처럼 작은 행동 하나가 일터의 분위기를 다르게 만든다.

액션 화두
나는 리더로서 구성원들에게 어떤 감사의 말을 어떻게 전하고 있는가?

다 함께 서로 격려하는 릴레이를 하라

　힘든 하루 생활에서 서로에게 짜증을 내거나 비판을 하기보다 격려하는 문화를 조성하면 팀의 에너지는 몇 배로 증가한다. 격려 문화를 강화하기 위하여 다 함께 서로 격려하는 릴레이는 매우 효과적이다. 우선 리더는 A3 크기의 용지에 구성원들의 수만큼 임의로 작은 동그라미를 그려 넣는다. 그 다음 구성원들의 이름을 무작위로 동그라미 안에 배치한다. 일단 이름을 다 적었으면 각각의 동그라미를 선으로 연결한다. 동그라미를 연결한 선은 이 용지를 누구에게 전달해야 할지를 보여 준다. 준비가 되었으면, 리더가 먼저 자신의 동그라미에 연결된 구성원에게 격려의 말을 한마디 적은 다음에 격려 용지를 해당 구성원의 책상에 올려놓는다. 그러면 그 구성원은 또 다른 격려의 말을 적어 선으로 연결되어 있는 다음 구성원에게 이 용지를 전달한다. 이런 식으로 격려의 말이 적힌 용지가 부서 전체를 돌게 한다. 맨 마지막 구성원은 리더에게 보내는 격려의 말을 적어 리더에게 이 용지를 전달한다. 이것은 격려의 말을 릴레이 형식으로 전달하는 것으로 이런 활동이 끝나면 리더는 이 용지를 부서의 적당한 곳에 부착해 두거나, 부서 회의 때 이를 다시 한번 공유한다.

　부서의 규모가 크지 않다면 하루에 끝날 수 있지만, 부서의 규모가 크면 며칠에 걸쳐 이를 시행하거나 아니면 소그룹별로 이러한 방법을 적용한다.

액션 화두

나는 리더로서 서로 격려하는 분위기를 어떻게 만들어 가고 있는가?

 **음료수에 깃든 정성으로 활력을 불어넣어라**

무더운 여름날, 식사 후에 구성원들이 자리로 돌아왔을 때 책상 위에 놓인 음료수 캔 하나를 발견한다면 어떤 느낌을 가질까? 그것도 음료수 캔에 감사의 한마디 또는 함께 열심히 노력하자는 격려의 말이 적힌 띠가 둘러져 있다면 음료수 캔을 대하는 구성원들은 조직과 다른 구성원들에 대해 어떤 생각을 가질까? 만일 그 음료수를 올려놓은 사람이 바로 자신의 상사라는 것을 알게 된다면 구성원들은 상사에 대해 고마운 마음을 갖게 될 것이다. 감사 또는 격려의 말을 종이에 적어 세로 5cm 정도의 폭으로 띠처럼 캔을 빙 둘러 붙이면 된다.

이러한 방법은 회의를 할 때에도 적용할 수 있다. 회의장에 구성원들이 들어왔을 때, 다르게 포장되어 있는 음료수 캔을 대하면 저절로 분위기가 달라지는 것을 목격할 수 있다. 회의 시간이 길 경우에는 회의 중간에 이런 음료수 캔을 들여놓는 것도 좋은 방법이다. 또 다른 활용 방법으로는 구성원들 중에서 누군가가 부서의 일로 외출하고 돌아왔을 때, 수고의 메시지가 적힌 음료수 캔을 건넨다. 똑같은 음료수 캔이라고 하여도 구성원들을 배려하는 정성을 상대방에게 전달하는 효과가 있다.

액션 화두
나는 리더로서 구성원들을 배려하는 정성을 어떤 식으로 표현하고 있는가?

액션 아이디어
팀 스피리트 표어와 포스터를 제작하라

대부분의 회사를 방문해 보면 깨끗하게 인쇄된 포스터나 표어가 붙어 있는 것을 종종 볼 수 있다. 대개의 경우 환경, 안전, 품질, 혁신, 서비스, 비전 등 전사적인 캠페인 성격을 가진 것들이다. 그러나 이런 것들은 구성원의 입장에서 볼 때 본인이 직접 관여되어 활동하고 있는 내용이 아닌 이상 자신과 별 관계가 없는 것처럼 보인다. 대체로 이러한 캠페인 성격의 문구들은 회사 차원에서 강조되는 것일 뿐 그것을 제작한 부서가 아니라면 어딘지 모르게 거리감을 느낀다.

그러나 부서에서 표어나 포스터를 만들어 부서 내의 부착 가능한 모든 공간에 붙이면 구성원들의 느낌이 달라질 뿐만 아니라 부서 분위기도 아주 새롭게 형성된다. 이때 부착 장소를 조금만 창의적으로 생각하고 과감하게 시도한다면 부서 분위기를 완전히 바꿀 수 있다.

예컨대 파티션의 외벽과 위, 의자, 책상, 천정, 부서 내의 공동 집기나 도구 등 거의 모든 곳에 부착할 수 있다. 구성원들이 함께 부서의 정신을 대변하는 표어나 포스터를 만들 때 그 형태도 다양하게 만들도록 격려한다. 직사각형 형태뿐만 아니라 깃발, 원통 등 다양한 형태로 만든다. 예컨대 음료수 병 위에 깃발 형태로 표어를 부착할 수도 있고, 스테이플러 위에도 조그마한 표어를 부착할 수 있으며, 심지어 휴지통에도 표어를 부착할 수 있다. 이때 사용하는 부서 내의 표어나 포스터는 구성원들이 함께 고민하여 만든 것들이기 때문에 부서 구성원들의 생각과 행동에 직접적인 영향을 줄 수 있다. 표어나 포스터의 바탕색을 아주 밝은 색으로 처리하여 전체 부서 분위기를 밝게 하는 것도 좋은 방법이다.

표어나 포스터의 주제 영역은 부서에서 강조하는 혁신 목표, 재미있는 일터, 또는 팀의 활력과 관계되는 내용으로 한다. 표어를 만들 때는 가급적이면 재미있는 표현을 과감하게 사용한다. 물론 주제 영역은 수시로 바뀔 수 있다. 대개의 경우 분기별로 이런 활동을 한 번씩 하면 구성원들의 주의를 환기시키고 팀의 정신을 고양하는 효과가 있다.

액션 화두

나는 리더로서 팀의 정신이 살아 움직이도록 하기 위해 어떤 노력을 하는가?

팀 감정 지수 차트를 활용하라

　부서 구성원들 각자의 감정은 그날 부서의 감정을 대변한다. 우울함이 많은 날, 기쁨이 많은 날, 짜증나는 일이 많은 날들을 제대로 파악할 수 있다면 리더는 그에 따라 구성원들을 대하는 방식을 달리할 수 있다. 이것은 리더와 구성원들이 서로의 감정을 이해하고 스트레스를 줄여 나가면서 업무를 추진하는 데 도움이 된다. 먼저 리더는 구성원들이 쉽게 볼 수 있는 곳에 '부서 감정 지수'라는 제목이 적힌 차트 용지를 하나 부착한다. 차트 용지에는 날짜별로 공간을 구분해 둔다. 대개의 경우 1주 또는 2주 정도 활용할 수 있는 공간을 배치하면 된다. 팀 감정 지수 차트를 벽면에 부착할 때, 가능하다면 차트 용지를 재미있게 디자인하여 사용한다. 그리고 초록색, 노란색, 빨간색의 스티커를 준비하여 구성원들에게 나누어 준다. 구성원들에게 점심 시간을 전후해서 자신의 감정을 보여줄 수 있는 스티커 하나를 해당 날짜에 붙이도록 한다. 스티커의 종류는 다음과 같이 한다.

　초록색: 즐겁게 일함

　노란색: 보통임

　빨간색: 스트레스가 많음

　이처럼 부서 구성원들 각자가 어떻게 하루를 보내고 있는지 스티커로 표시하도록 한다. 그러면 부서 전체가 어떤 분위기에서 업무가 진행되고 있는지 한눈에 파악할 수 있다. 이때 노란색 또는 빨간색의 스티커가 계속해서 많이 등장하면 변화가 필요하다는 것을 암시한다. 이때 부서의 리더는 부서 분위기를 바꿀 수 있는 다양한 활동을 도입하여 부서를 생동감이 넘치게 만든다.

액션 화두
나는 리더로서 부서 전체의 분위기를 어떤 방법으로 파악하여 변화를 추구하는가?

도움에 감사하는 특별한 방법을 개발하라

부서 내에서 구성원들이 서로 협력해서 일을 할 때, 개인의 효율은 물론 부서 내의 시너지 효과가 높아진다. 부서 내 구성원들 간에 서로 배려하고 협력하는 분위기를 만들어 내려면 구성원들 각자가 부서 내 다른 구성원들에 대한 배려와 감사, 칭찬과 인정을 재미있는 방법으로 생활화한다.

문구점에서 빳빳한 A4 크기의 컬러 용지를 구해서 가로와 세로로 반을 접어 자른다. 그런 다음에 각각의 용지를 다시 반으로 접어 책상에 세워 놓을 수 있도록 만든다. 그리고 종이 위에 매직펜으로 감사의 문구를 쓴 다음, 자신에게 도움을 준 구성원의 책상에 조용히 갖다 놓는다. 감사나 칭찬의 문구는 진솔하게 표현해야 한다. 몇 가지 예를 들면 다음과 같다.

> ○○○ 님은 오늘 제게 많은 도움이 되었습니다!
> ○○○ 님 덕분에 오늘 즐겁게 일했습니다!
> ○○○ 님, 오늘 새로운 제안에 감사드립니다!
> ○○○ 님, 오늘 미처 생각하지 못했던 점을 지적해 주셔서 고맙습니다!
> ○○○ 님, 오늘 힘든 일을 정말 잘 처리했습니다!
> ○○○ 님, 다시 한번 더 힘차게 뜁시다!

이처럼 컬러 용지에 적힌 감사와 인정, 칭찬 그리고 격려의 말을 대할 때, 구성원들은 자신의 부서에서 일하는 것이 보다 즐겁고 재미있다. 또한 자신을 인정해 주는 상사 또는 다른 구성원들을 생각하면 더 열심히 일해야겠다는 생각이 저절로 들게 된다.

액션 화두

나는 리더로서 어떤 특별한 방법으로 구성원들의 노력을 인정하고 감사를 표하는가?

세상을 멈추고 명상의 시간을 가져라

쉴 틈 없이 돌아가는 세상을 잠시 멈추어 보자. 자신이 어디에 있으며, 무엇을 하고 있으며, 어디로 가고 있는지 방향을 다시 생각해 보는 것 또한 일터에 활력을 불어넣는 데 일조를 한다. 한 달에 한두 번씩 특별한 날짜를 정해 오전 또는 오후의 일부를 주제가 있는 시간으로 정한다. 물론 고객 전화에 대한 응대나 급한 일들은 처리해야 하지만 그 시간만큼은 공통의 주제를 생각해 보도록 한다. 이를 위해 명상과 관련된 표어를 부서의 벽 곳곳에 붙여 놓는다. 예컨대 '세상을 멈추어라!', '나는 지금 어디에', '나를 찾는 여정', '고객을 생각하는 시간', '아버지를 생각하면서' 등의 표어를 만들어 붙인다. 그리고 조용한 음악을 틀어 놓는 것도 한 방법이다. 이처럼 한 시간 정도의 명상을 통해 하루를 활기 있게 만들 수 있다. 이 시간은 자기 성찰의 시간이 될 수도 있다. 표어나 그림 등은 명상의 날마다 다시 활용한다. 이러한 활동을 더욱 의미 있게 하려면 명상 관련 명언 등을 구성원들이 서로 이메일로 교환하거나 부서의 벽에 붙여 놓는 것도 한 방법이다. 또한 테레사 수녀의 사진이나 간디의 사진 등 위대한 업적을 남긴 사람들의 사진을 곳곳에 붙여 놓아 자신의 하루 삶을 되돌아보게 하는 것도 한 방법이 될 수 있다. 이러한 활동을 진행한 하루는 구성원들이 자신을 성찰하면서 보다 나은 내일을 준비해 가는 데 큰 힘이 된다.

액션 화두

나는 리더로서 구성원들이 자기 성찰을 할 수 있도록 무엇을 지원하고 있는가?

실천을 위한 작은 용기

팀에 활력을 불어넣겠다는 생각 자체가 변화다. 그러나 마음속의 생각을 행동으로 옮기지 않으면 어떠한 변화도 일어나지 않는다. 이번에도 리더로서 용기를 내어 자신의 생각을 행동으로 옮겨야 한다. 그래야 작은 변화라도 만들 수 있다. 이렇듯 모든 변화는 마음에서 시작하여 행동으로 이어진다.

팀에 활력을 불어넣으려면, 구성원들을 이해하려는 노력을 해야 한다. 마찬가지로 구성원들 간에도 서로 이해할 수 있도록 어떤 활동이 필요하다. 앞에서 언급한 몇몇 아이디어를 적용할 수도 있고, 이를 바탕으로 새로운 아이디어를 창출할 수도 있다. 어떤 경우에도 용기를 내어 시도하는 노력이 필요하다. 실천 없이는 어떠한 변화도 이끌어 낼 수 없다

재미있는 일터를 향한 리더의 명상

> 사람들이 자신의 잠재적 능력을 발견할 수 있도록 안내함으로써
> 더욱 동기화될 수 있도록 도와 주어라.
>
> - 폴 토마스 -

Part 6

일터의 커뮤니케이션을 활성화시켜라

정보와 생각을 주고받는 커뮤니케이션 과정에서 서로에 대한 관심과 배려 그리고 협력의 따뜻한 마음이 전해지고 있는가? 똑같은 정보라도 재미있게 주고받는 일터인가? 커뮤니케이션 과정에서 톡톡 튀는 재미가 솟아나고 있는가?

커뮤니케이션에 생명을
불어넣어야 하는 이유

팀에서 공동의 목표를 달성해 가는 과정에서 커뮤니케이션은 필수적인 수단이다. 목표에 대한 공유, 목표 달성을 위하여 과제를 수행하는 과정, 그리고 업무 성과에 대한 공유와 피드백에 이르기까지 커뮤니케이션은 업무의 효과와 효율을 높이기 위해 필수적이다. 커뮤니케이션의 결과는 단지 업무의 효과와 효율에만 국한되지 않는다. 커뮤니케이션이 잘못되면 온갖 오해와 불신이 일어나면서 팀 내 공동체 의식이 낮아져 팀의 단합에 결정적 영향을 미친다.

「가장 일하기 좋은 100대 기업」의 선정을 주관하고 있는 로버트 레버링Robert Levering은 기업을 일하기 좋은 곳으로 만들기 위해 가장 우선적으로 선행되어야 할 과제는 '쌍방향 커뮤니케이션의 활성화'와 '구성원들의 성과에 대한 인정과 보상'이라고 하였다. 「가장 일하기 좋은 100대 기업」을 포함한 초일류 기업들을 보면 이 두 가지가 아주 잘 정착되어 있다. 그만큼 커뮤니케이션은 구성원들이 재미있게 일할 수 있는 일터의 토대가 되고 있다. 「가장 일하기 좋은 100대 기업」들의 커뮤니케이션의 장점은 첨단의 시스템을 활용해서라기보다는 위에서 아래로, 아래에서 위로 막힘 없이 대화와 정보가 흐르고 있다는 것이다.

대부분의 기업에서 경영진이 전달하는 메시지를 보면 지시 사항과 방침 또는 특정 현상에 대한 사실fact만 전달될 뿐, 경영진의 의도와 고민, 그리고 구성원에 대한 배려의 마음 등은 전달되지 못한다. 이것은 부서 차원에서도 마찬가지이다. 관리자의 지시만 구성원들에게 전달될 뿐, 그러한 지시를 하는 관리자의 마음과 의도는 잘 전달되지 못한다. 이처럼 사람들의 고민과 배려가 전달되지 못하는 커뮤니케이션은 반 토막짜리 의사소통일 뿐이다. 그래서 항상 조직 내에 오해와 불신이 생긴다. 이런 문제는 결국 조직 구성원들의 결집력을 약화시킨다. 이처럼 반 토막 커뮤니케이션은 조직의 비전, 정책과 방침, 목표 및 계획을 구성원들과 원활하게 공유하는 데 걸림돌이 되어 업무 추진의 시너지 효과를 저하시킨다.

현재 대부분의 기업은 전자 결재 시스템, 지식 경영 시스템, 이메일 등 정보 테크놀로지를 활용한 커뮤니케이션 시스템을 갖추고 있다. 그러나 첨단 정보 시스템을 갖추고 있다고 하여도 서로에 대한 관심과 배려, 인정, 감사 등 구성원들의 마음을 전달하지 못한다면 커뮤니케이션은 무미건조한 활동일 뿐이다. 누군가 새로운 정보를 전달할 때, 그 정보와 더불어 고마움과 잔잔한 감동을 느낀다든지, '아, 바로 이거구나!' 하는 식의 흥분과 열정이 일어나지 않는다면 메마른 커뮤니케이션만 이루어질 뿐이다. 이런 일터는 아무리 정보 유통이 많다고 하여도 딱딱하고 재미없는 일터일 수밖에 없다. 따라서 구성원들이 좀 더 재미있게 일하려면 서로 간에 마음이 통하는 커뮤니케이션이 활성화되어야 한다. 커뮤니케이션에 생명을 불어넣어야 한다.

마음이 통하는 커뮤니케이션을 활성화하려면 무엇보다도 상대방의 입장에서 듣고, 상대방의 입장에서 이해하려는 노력이 필요하다. 특히 윗사람이 솔선수범하여 철저하게 아랫사람의 입장에서 듣고 이해하기 위해 노력해야 한다. 또한 상하 간에 마음의 거리를 좁힐 수 있도록 같은 메시지라 하여도 재미있는 방법으로 전달해야 한다. 커뮤니케이션 자체가 재미있을 때, 그 내용에 대한 구성원들의 관심도 그만큼 더 높아진다.

커뮤니케이션이 재미있고 서로 마음이 통할 때 일하는 재미도 그만큼 더 커진다. 커뮤니케이션에 생명을 불어넣을 때 비로소 커뮤니케이션은 부서에 활력을 가져오는 촉진제가 된다. 최고 경영자와 함께하는 간담회에서 사원들이 자신의 생각과 느낌을 솔직하고 자유롭게 말하는 모습을 상상해 보라. 임원들과 관리자들이 서로 자신의 생각을 부담 없이 이야기하며 서로의 제안에 대해 솔직하게 피드백하는 모습을 상상해 보라. 심지어 상사와 생각이 다를 때도 부담감 없이 자신의 생각을 말하는 부하 직원들의 모습을 생각해 보라. 구성원들이 사소한 일도 상사와 거리낌 없이 이야기하면서 서로 간의 이해를 높이는 모습을 상상해 보라. 커뮤니케이션은 단순히 정보를 주고받는 일이 아니다. 커뮤니케이션은 서로의 마음을 실어 정보를 주고받는 활동으로, 상호 간의 이해와 협력을 높이는 생동감 넘치는 과정이다.

재미있는 일터를 향한 리더의 다섯 번째 선언문

커뮤니케이션의 진정한 의미는 서로의 생각과 그 속에 숨어 있는 의미를 공유하는 데 있다. 그러나 나는 커뮤니케이션이 단순히 정보를 주고받는 것이라고 여겼다. 그래서 나는 단지 내 생각만 제대로 전달하면 된다고 착각하였다. 그러나 커뮤니케이션의 비결은 정보를 전달하는 데 있는 것이 아니라 그 정보를 제대로 이해시키는 데 있음을 깨달았다. 그렇다. 커뮤니케이션은 정보를 전달하는 것으로 끝나는 것이 아니라 그 정보의 의미를 함께 공유하는 데 있다. 아무리 좋은 정보를 전달한다고 해도 그것이 듣는 사람의 마음을 움직이지 못하면 그 정보는 그 사람의 마음에 닿지 못한다.

지금까지 나는 커뮤니케이션이란 조직의 정책이나 방침을 아래로 전달하는 것이라고 생각해 왔다. 그러나 정보를 전달하는 방법이 부하 직원들의 마음을 무겁게 만드는 것이라면 부하 직원들은 그 정보 자체를 부담스러워한다. 지금 나는 나의 커뮤니케이션 방식이 부하 직원들을 얼마나 답답하게 만들었는지 반문해 보고 있다. 나의 커뮤니케이션은 대부분 지시나 전달 활동이 아니었던가? 내가 무엇인가 전달할 때 부하 직원들은 흥분된 마음으로 그것을 받아들이지 못했다. 그저 묵묵히 듣고만 있었다. 어쩌다 한 번씩 던지는 질문에 나는 어떻게 답변하였던가? 나는 부하 직원들의 입장에서 그들의 질문을 이해하려고 노력하기보다 내 입장을 설명하기에만 급급했다.

이러한 반성은 내게 커뮤니케이션의 활성화에 대한 새로운 도전 과제를 던지고 있다. 나는 서로의 느낌과 생각을 공유하고 지식과 정보를 공유하며 서로에 대한 솔직한 피드백이 넘쳐나는 그런 대화의 장이 얼마나 중요한가를 깨달았다. 또한 같은 메시지를 전달하더라도 부하 직원들이 좀 더 편안하게 수용하고 받아들일 수 있는 커뮤니케이션 방법을 찾아 실천하는 것이 리더의 소명이라는 것도 깨달았다.

나의 마음은 이미 커뮤니케이션의 혁신에 대한 열정과 소망으로 가득 차 있다. 나는 구성원들이 활기차게 서로의 생각을 주고받으며 전달하는 메시지를 있는 그대로 수용하는 그런 재미있는 일터를 꿈꾸며 리더로서 나의 소명을 다할 것이다. 나는 재미가 넘쳐나는 대화의 장을 만들어 갈 것이며 유머와 재치가 넘치는 공유의 장을 만들어 갈 것이다. 나는 사우스웨스트 항공의 허브 켈러Herb Keller 회장처럼 리더로서의 권위와 체면을 벗어던지고 어려운 상황을 가장 유머있게 구성원들에게 전달하는 변화의 전도사가 될 것이다. 나는 또한 비판과 냉소와 무시기 담긴 커뮤니케이션보다는 칭찬과 인정과 격려가 곁들여진 커뮤니케이션을 조직에 심어 갈 것이다. 나는 무겁고 딱딱한 메시지보다는 유머와 재치가 곁들여진 메시지를 부하 직원들과 주고받을 것이다. 나는 이제 부하 직원들이 내 말과 뜻을 제대로 이해하지 못한다고 부하 직원들을 탓하지 않을 것이다. 부하 직원들이 제대로 이해하지 못했다면 그 책임은 바로 나에게 있다. 조직의 커뮤니케이션에 문제가 있다면 그것은 바로 리더인 나의 책임이다.

나는 부하 직원들과의 커뮤니케이션을 활성화하기 위하여 지금 이 순간부터 나 자신을 바꾸어 갈 것이다. 가장 먼저 나는 경청하는 리더가 될 것이다. 나는 설명하는 리더가 되기보다 더 많이 듣고 이해하기 위해 노력하는 리더가 될 것이다. 나는 나의 입장을 내세우기보다는 부하 직원들의 욕구를 먼저 이해하고 해결해 주기 위해 노력하는 리더가 될 것이다. 나는 메시지를 참나무 줄기처럼 딱딱하게 전달하는 것이 아니라 항상 유머를 곁들여 부드럽게 전달하는 리더가 될 것이다. 나는 날마다 우리 모두가 즐길 수 있는 방법으로 커뮤니케이션을 할 것이다.

나는 부하 직원들이 더 많은 정보와 지식을 공유하며 더 많은 피드백을 주고받을 때 더 재미있게 일할 수 있음을 잘 알고 있다. 그들이 재미있게 일을 할 때 어렵고 힘든 일도 밝은 마음으로 할 수 있으며 업무 성과도 탁월하게 달성할 것이라는 점을 나는 잘 알고 있다. 나는 이러한 일터를 만들기 위해 항상 재미있는 방법으로 커뮤니케이션을 할 것이다. 때때로 부하 직원들이 깜짝 놀랄 만한 방법으로 커뮤니케이션을 할 것이다. 아무리 어렵고 힘든 과제라 하여도 재미있는 방법으로 커뮤니케이션을 할 것이다. 심지어 부하 직원들을 질책할 때에도 유머를 잊지 않을 것이다. 나는 부서의 커뮤니케이션 활동에 생명을 불어넣을 것이다. 커뮤니케이션은 단순히 정보를 전달하고 받는 것이 아니라 상호 간에 깊은 이해를 도모하는 과정이다.

그것도 가장 재미있는 방법으로 서로 간의 이해를 높여 가는 과정이다. 지금 이 자리에서 나는 커뮤니케이션을 가장 재미있는 방법으로 실천할 것을 다짐한다. 나의 이런 노력은 부서에 활력을 가져올 것이다. 나의 작은 실천은 큰 열매가 되어 우리 조직 전체에 새로운 바람을 몰고 올 것이다.

나는 리더로서 내가 맡고 있는 부서를 세상에서 가장 재미있게 일하는 곳으로 만들겠다는 원대한 꿈을 안고 한 걸음 한 걸음 나아갈 것이다. 이제 그러한 노력의 하나로 나는 커뮤니케이션 활동에 생명을 불어넣을 것이다. 그래서 생동감과 재미가 넘치는 커뮤니케이션을 만들어 갈 것이다. 나는 이 일을 위해 힘들어도 쉬지 않을 것이다. 고독이 나를 휘감을 때에도 휘파람을 불면서 부하 직원들을 즐겁게 할 수 있는 방법을 찾을 것이다. 나는 재미있는 일터를 만들기 위해 내 모든 열정과 아이디어를 다 동원할 것이다.

긍정적인 언어를 사용하라

열린 커뮤니케이션의 첫걸음은 표현의 미에 달려 있다. '가는 말이 고와야 오는 말이 곱다', '말 한마디에 천 냥 빚을 갚는다'는 속담이 있다. 즉 사람들이 자신의 생각을 어떤 말로 표현하느냐에 따라 상대방의 호감을 사기도 하고, 반대로 반감을 사기도 하는 것이다. 상대방과 커뮤니케이션을 원활하게 하려면 먼저 서로 간에 마음의 벽을 허물어야 한다. 마음의 벽을 무너뜨리는 가장 좋은 방법은 바로 긍정적으로 말하고 긍정적으로 대응하는 것이다.

무미건조하고 딱딱한 사실적 표현보다 같은 메시지라도 좀 더 튀는 유머나 상대방이 들어 기분 좋은 말로 전달해야 한다. 그러면 듣는 사람이 보다 적극적으로 대응할 뿐만 아니라 말하는 사람도 기분이 좋아진다. 긍정적인 생각은 긍정적인 언어의 씨앗이다. 커뮤니케이션은 조직 내의 특정한 사안이나 정보를 사실대로 전달하지만 긍정적인 말로 표현이 될 때 구성원들의 거부감을 완화시킬 수 있다.

리더가 부하 직원들과 함께 업무와 관련한 대화를 할 때에도 부하 직원들의 부족한 점을 긍정적으로 지적한다면 부하 직원은 상사의 의도를 이해하고 일을 더 잘하려고 노력한다. 그러나 리더의 커뮤니케이션이 부정적이거나 지나치게 비판적이고 직설적일 때 부하 직원들은 심리적으로 위축되어 마음속으로 강한 저항을 보이게 된다. 긍정적인 언어를 사용하는 것은 바로 부하 직원과의 사이에 지금까지 굳어져 있는 심리적인 벽을 헐어 내는 효과가 있다. 뿐만 아니라 리더가 긍정적인 언어를 사용하면서 좀 더 유머 있게 상황을 전하거나 자신의 의견을 표현한다면 부서의 일하는 분위기도 밝아진다. 업무를 추진하는 과정에서 발생하는 실수나 오해 등을 유머 있게 표현한다면 일터의 분위기는 재미있을 뿐만 아니라 일할 맛 나는 업무 환경이 된다.

아래의 예는 업무를 추진하면서 부하 직원들과의 관계에서 좀 더 긍정적으로 대응하는 리더의 대화를 보여 준다.

≫ 김 대리, 일 좀 제대로 해. 회의 때마다 뭐가 그리 불만이야. 좀 재미있게 일할 수 없어? 맨날 상을 찡그려 가지고는 어디 좋은 마누라 얻겠어?

⇨ 오늘 김 대리가 일을 좀 더 효과적으로 재미있게 하려고 하는데 제대로 되지 않아서 고민이 많은 것 같아. 우리 모두 김 대리가 편할 수 있도록 좀 더 재미있게 일하는 방법을 찾았으면 해.

≫ 강 대리, 까마귀 고기 먹었어? 그런 것까지 빼먹으면 어떻게 해. 도대체 정신을 어디다 두고 다니는 거야?

⇨ 오늘 아젠다를 발표한 강 대리가 여러분들이 졸지 않을까 하는 염려에서 일부러 몇 가지 사항을 뺀 것 같은데, 우리 모두 졸지 않고 잘 들을 테니까 다음 번에는 필요한 사항을 빠뜨리지 말고 전부 채워 주기 바라네.

≫ 은경 씨, 책상 좀 깨끗하게 할 수 없어? 책상이 쥐 잡다 만 것 같아. 그래 가지고 어디 시집가서 사랑 받겠어?
⇨ 오늘 은경 씨 책상을 보니까 전위 조각을 완성한 것 같아. 우리 모두 은경 씨 조각에 대한 감상이 끝났으니 조각 예술품을 정돈해 주면 좋겠는데.

≫ 좀 더 친절할 수 없어? 꼭 동쪽에서 뺨 맞고 서쪽에서 화풀이 하는 것 같아.
⇨ 오늘 우리를 놀려 주려고 놀부처럼 떽떽거리는 것 같은데, 이왕이면 웃으면서 흥부처럼 흥겹게 놀려 주면 더 좋을 것 같아.

≫ 당신, 학교 제대로 나왔어? 국어 공부는 제대로 한 거야?
⇨ 내가 보고서를 제대로 읽는지 시험하려고 몇 군데 함정을 파 놓았군. 하하하. 열심히 읽을 테니까 다음 번에는 토씨에도 신경을 좀 써 주면 좋겠어.

≫ 대체 내가 지시할 때 뭘 들었어? 이걸 결과라고 가져 와?
⇨ 아인슈타인도 엉뚱한 결과에서 새로운 이론을 발견했지. 하지만 이번만큼은 내가 기대하는 사항대로 해 주면 좋겠어.

이런 것은 지극히 일부의 몇 가지 예에 지나지 않는다. 일상 언어에서 가급적 긍정적인 생각이 배어나도록 해야 한다. 부정적인 언어는 부정적인 생각을 강화한다. 또한 부정적인 생각은 부정적인 행동을 가져와 부서 전체를 무겁게 만든다.

따라서 구성원들이 항상 긍정적으로 생각하면서 일을 할 수 있도록 리더가 자기 스타일만 고집할 것이 아니라 자신의 생각과 언어 그리고 행동을 긍정적으로 바꾸어야 한다. 리더의 이러한 솔선수범은 결국 부서 구성원들 전체의 생각과 언어 그리고 행동에 긍정적인 영향을 줄 것이다. 긍정적인 생각과 행동이 넘쳐나는 일터일수록 구성원들 간에 협력 수준이 높으며 일의 성과도 높게 나타난다.

● 참고
〈 사람의 마음을 열어 주는 말들 〉
"수고했어."
"정말 고마워."
"실수는 배움의 시작이야. 같은 실수를 반복하지만 않는다면."
"사랑해."
"도와 줄까?"
"정말 잘했어."
"자랑스럽다."
"어떤 정보가 필요해?"

"함께 힘내자고."

"훌륭한 제안이야. 하지만 이런 점도 생각해 볼 수 있지 않을까?"

"아주 독특한 질문이네. 정말 나도 생각지 못했어. 함께 고민해 보자고."

"지금은 시기가 적절한 것 같지 않지만, 조금만 지나면 그 아이디어는 아주 잘 활용될 수 있을 것 같아."

액션 화두
나는 리더로서 항상 긍정적인 표현을 사용하고 있는가?

커뮤니케이션 원칙을 명료화하라

팀 토의를 통하여 커뮤니케이션 과정에서 반드시 지켜야 할 사항과 반드시 피해야 할 사항을 함께 정리해 보는 것도 좋은 방법이다. 예컨대, 구성원 모두 지켜야 할 사항으로, 모든 커뮤니케이션은 정확하고 정직해야 한다거나, 상대방의 입장에서 들도록 한다는 등 몇 가지를 정할 수 있다. 마찬가지로 커뮤니케이션 과정에서 피해야 할 사항도 몇 가지를 정리할 수 있을 것이다.

이러한 활동은 팀장이 먼저 회의 분위기를 조성한 다음에 구성원들과 함께 토론을 통해 정리할 수 있을 것이다. 또는 팀에서 스스로 결정해서 팀장에게 가져오도록 하는 것도 좋은 방법이 된다.

커뮤니케이션 원칙이 결정되면, 팀장은 주기적으로 이를 환기시켜야 한다. 정기적으로 이메일을 이용하거나, 팀 회의를 시작할 때 다 함께 큰 소리로 읽고 회의를 시작하는 것도 좋다.

액션 화두
나는 리더로서 팀 내 커뮤니케이션 원칙을 명확히 하고 있는가?

'No'라는 말을 없애라

팀 내에서 구성원들 간의 대화에서 'No'라는 말을 쓰지 않도록 한다. 팀장은 전체가 모인 자리에서 대화할 때 'No'라는 말을 쓰지 않도록 선언하고 구성원들이 이를 지켜 줄 것을 요구한다. 이것은 서로 간의 대화에서 부정적인 용어를 사용하지 말자는 캠페인이 될 수 있다. 이것은 아주 간단한 일 같지만 이를 정착시키려면 상당한 노력이 필요하다.

필자는 미국 출장길에 자동차 트랜스미션을 생산하고 있는 미국의 보그와너BorgWarner사를 방문한 적이 있다. 이때 이 회사의 인사 담당 임원이 우리 회사에서는 이제 대화에서 'No'라는 말을 더 이상 쓰지 않는다고 했다. 그러면서 이 간단한 원칙 하나를 정착시키는 데 일 년이 넘게 걸렸다고 말했다. 실제로 상하 간은 물론 구성원들 간에 부정적인 말이 줄어들자 조직 분위기가 놀라울 정도로 변했다고 한다. 이런 사례를 참고로 팀 내 커뮤니케이션에서 부정적 언어를 없애는 캠페인을 전개하는 방식으로 커뮤니케이션을 개선할 수 있다.

액션 화두
나는 리더로서 팀에서 부정적인 언어를 금지하고 있는가?

액션 아이디어 51

창의적으로 표현하라

폭포수처럼 한꺼번에 쏟아지는 정보를 제대로 기억하기란 쉽지 않다. 특히 변화가 빠르게 일어나고 있는 기업에서 구성원들은 수많은 정보를 접하면서 오히려 기억의 무력감에 빠져 들기도 한다. 이런 상황에서 커뮤니케이션을 효과적으로 하려면, 어떻게 하면 전달하고자 하는 내용을 상대가 주의하고 집중할까를 고민해야 한다. 한 가지 좋은 방법으로는 독특한 개성을 살려 메시지를 창의적으로 표현하는 것이다.

시노버스 파이낸셜의 경영진들은 연초에 기업의 경영 방침과 방향을 구성원들에게 전달할 때 독특한 방법을 쓴다. 그들 스스로 사람들에게 익숙한 텔레비전 드라마나 영화 속의 캐릭터를 선정하여 드라마 형태의 메시지를 만든다. 그것도 코미디처럼. 구성원들은 한바탕 웃으면서 기업의 경영진들이 전하는 메시지를 머릿속에 오래도록 되새긴다. 왜냐하면 그들은 한 편의 재미있는 드라마를 보았기 때문이다. 이처럼 똑같은 정보라 할지라도 구성원들에게 전달하는 방법은 다양하고 창의적이어야 한다. 지금까지와는 전혀 다르게 색다른 방법으로 메시지를 전달하는 경영진의 모습을 볼 때, 구성원들은 그 메시지를 더욱 오래 기억하게 된다.

조직에서 흔히 보는 공문이나 안내문 등도 형식적인 언어로 도배되어 이리저리 돌아다니는 경우가 많다. 이러한 방법으로는 구성원들의 주의를 끌기 어렵다. 오히려 이런 공문들이 돌아다니면 구성원들은 귀찮아한다. 그러나 같은 메시지를 전달하더라도 내용과 형식을 재미있게 하면 구성원들의 호기심과 관심을 높일 수 있다. 이때 간단한 만화를 한 컷 추가하거나, 유행하는 말들을 적절히 사용하거나, 사람들의 귀에 익숙한 속담을 적절하게 사용하는 것도 좋은 방법이다.

예를 들어 교육 안내문을 작성할 경우 아래와 같이 내용을 색다르게 표현하면 쉽게 구성원들의 관심을 끌 수 있다. 이때 재미있는 모양의 시계 그림을 곁들여도 좋다.

가장 바쁠 때 꼭 필요한 내용으로 교육 과정을 구성했습니다. 20시간을 투자하면 200시간을 공짜로 얻을 수 있습니다. 공짜로 200시간을 얻으면 사는 날이 8일 정도 더 길어집니다. 교육 시간에 그 장수 비결을 나누어 드리겠습니다.

또한 품질 관련 공문을 보낼 경우 코믹한 모습의 군인 얼굴과 함께 '품질 전선 이상 무!'라는 표현을 앞세워 구성원들의 주의를 환기시킨 다음 전달 내용을 재미있게 써 내려 가는 것도 한 방법이다. 이처럼 리더는 많은 일상적인 커뮤니케이션 활동에서 구성원들의 관심을 높일 수 있도록 보다 창의적인 문구를 사용하도록 지원하고 격려한다.

> **액션 화두**
> 나는 리더로서 구성원들의 관심을 높이기 위해 커뮤니케이션을 창의적으로 하고 있는가?

재미있는 표현을 사용하라

공식적인 내용을 비공식적인 재미를 곁들여 전달한다면 어떨까? 일터의 재미가 한껏 더할 것이다. 대부분의 기업에서 회의, 회식 또는 공지 사항 등을 알려 줄 때, 내용 기술 방법과 형식이 천편일률적이다. 한마디로 재미없고 읽을 맛 나지 않는 내용과 형식이다. 같은 내용이라도 좀 더 재미있고 다양하게 표현한다면 읽는 구성원들의 얼굴에 미소가 떠오르지 않을까? 다음의 예들은 공지 사항을 좀 더 재미있게 표현하여 전달 받는 사람들의 주의를 환기시키는 동시에 일터의 분위기를 부드럽게 해 준다.

〈회의 안내〉

출장 관련 자료를 재미있게 작성하기 위해 가장 재미있는 회의를 ○일 ○시에 ○○○에서 개최합니다. 유머 한마디씩 필수품으로 가져 오십시오.

〈중간 결과〉

T/F가 지금껏 만든 깜짝 놀랄 정보 보따리를 ○일 ○시 ○○○에서 풀어 놓습니다. 물론 가격은 천차만별입니다. 안 오시면 평생 후회할 정보들입니다. 다만 공시한 날에 참가하는 분들에게만 이 보따리를 공짜로 나누어 드립니다.

〈회식 공고〉

김치, 돼지, 상추, 파, 마늘, 소주 집어넣기 대회를 ○일 ○시 ○○○에서 개최합니다. 좋은 양념감으로 쓸 수 있는 대화 소재를 가져오세요. 양념에 따라 분위기의 맛이 달라집니다.

〈면담 요청〉

지금 하고 있는 일을 더 재미있게 하는 방법이 ○시에 생각날 것 같으니 그때 만날 수 있겠습니까?

〈목표 기술〉

내가 비료를 준비했는데 상반기에 무슨 씨앗을 뿌릴지 궁금합니

다. 상반기 업무 목표를 목표 기술 양식에 작성해서 ○일까지 제출
해 주십시오. 그러면 최고급 비료를 나누어 드리겠습니다.

〈제안 장려〉

다섯 분에게 1억 원의 행운(복권)을 나누어 드리고 싶습니다. 좋
은 제안을 ○일까지 제출해 주십시오.

이와 같이 어떤 공지 사항이든 간에 내용을 재미있게 전달하기 위해 애쓴다면 긍정적이고 재미있는 언어가 부서의 커뮤니케이션 문화로 정착될 수 있다. 재미있는 커뮤니케이션 문화는 바로 재미있는 일터를 만들기 위한 노력이다. 리더는 부드럽고 포근하며 유머와 재미가 넘치는 부서의 커뮤니케이션 문화를 정착시키기 위해 노력해야 한다.

액션 화두

나는 리더로서 커뮤니케이션을 재미있게 하기 위해 어떤 표현을 사용하고 있는가?

액션 아이디어 53

업무 자료에 달콤한 사탕을 사용하라

딱딱한 업무 보고서와 달콤한 사탕의 콤비는 구성원들의 마음을 부드럽게 중화시켜 일터의 재미를 한층 더해 준다. 이를 위해 리더는 구성원들에게 업무 관련 참고 자료를 전달할 때 메모지에 자료에 대한 내용과 더불어 사탕 하나를 테이프로 붙여서 건넨다. 이때 메모지에 달콤한 사탕을 먹으면서 잠시 읽어 보면 도움이 될 것이라는 말을 첨부한다. 그러면 구성원들은 더 꼼꼼하게 자료를 읽어 볼 것이다. 또한 자료의 딱딱함이 입 속의 달콤한 사탕 맛으로 중화되어 심리적인 부담감도 줄어들 것이다.

또 다른 방법으로는 리더가 작은 초콜릿을 메모지에 붙여 자료와 함께 전달한다. 물론 메모지에는 달콤한 초콜릿이 어느 프랑스 마을을 뒤흔든 영화 속 이야기처럼 자료를 열정적으로 읽어 가는 데 도움이 될 것이라고 적는다. 자료를 건네받은 구성원들은 상사의 따뜻한 배려에 잔잔한 감동을 느낄 것이다. 또한 자료를 제대로 이해하여 상사에게 도움이 되어야겠다는 생각이 저절로 들 것이다.

> **액션 화두**
> 나는 리더로서 자료를 건넬 때 구성원들이 보다 관심을 가질 수 있도록 어떻게 전달하는가?

정보 공유 마일리지를 활용하라

대부분의 항공사들은 마일리지 프로그램을 도입해서 이용한 거리에 따라 무료 항공권을 제공한다. 마찬가지로 주유소나 신용 카드사들도 이용 금액에 따라 보너스 포인트를 제공해서 포인트가 일정한 양에 도달하면 그에 따른 경품을 제공한다. 이러한 마일리지의 개념을 부서 내의 정보 공유 활동에 적용하면 정보 공유를 보다 재미있게 촉진할 수 있다.

먼저 부서 구성원들이 쉽게 볼 수 있는 벽면 또는 파티션에 구성원들의 이름이 적힌 용지를 붙여 둔다. 그리고 부서 구성원들로 하여금 자신에게 도움이 되는 정보를 제공한 구성원의 이름이 있는 칸에 마일리지 스티커를 붙이도록 한다. 이를 위하여 부서의 리더는 모든 구성원들에게 세 가지 색의 스티커를 일정량 나누어 준다. 그리고 일주일에 최고 3회 이상 스티커를 사용하여 자신에게 도움이 되는 정보를 제공한 구성원에게 스티커를 붙여 주도록 한다. 이렇게 해서 정기적으로 마일리지를 많이 축적한 구성원에게 작은 시상을 하도록 한다.

시상을 할 때는 수상자에게 주로 어떤 정보를 누구에게 제공했었는지를 발표하도록 하고 또 그 정보를 이용했던 사람들에게는 어떤 도움이 되었는지를 묻도록 한다. 이러한 방법은 재미를 느껴 정보 공유를 촉진하는 효과가 있다.

〈 스티커의 종류 〉

초록색: 3포인트

노란색: 2포인트

파란색: 1포인트

액션 화두

나는 리더로서 어떤 방법으로 구성원들의 정보 공유를 촉진하고 있는가?

실천을 위한 작은 용기

재미있게 일하는 팀을 만들려면 커뮤니케이션 개선이 필수적이다. 커뮤니케이션 개선 방안으로 쌍방향 커뮤니케이션이 권장되고 있다. 그러나 사람들은 쌍방향 커뮤니케이션을 할 줄 몰라서 안 하는 것이 아니다. 쌍방향 커뮤니케이션을 가로막고 있는 심리적 요인 때문에 팀장이 말을 할 때, 구성원들은 입을 닫고 있는 경우가 대부분이다.

따라서 커뮤니케이션을 재미있게 하여 팀 내 활력을 높이려면, 쌍방향 커뮤니케이션을 저해하고 있는 요인을 찾아 이를 제거하는 노력을 해야 한다. 가장 좋은 방법은 팀장과 구성원들과의 관계에서 서로 상대방과 상대방의 입장에 대한 이해를 높이는 활동이다. 또한 구성원들 간에도 서로에 대한 이해를 높이는 활동이 필요하다. 팀에서 구성원들 간의 상호 이해가 깊어지면 서로에 대한 오해가 줄어들면서 자연스럽게 커뮤니케이션이 활발해질 수 있다. 이때 커뮤니케이션을 재미있게 할 수 있는 다양한 방법을 동원하면 팀 내 활력이 높아지는 것을 경험할 수 있다.

이 모든 것의 출발은 팀장의 결단이다. 팀 내 커뮤니케이션을 활성화하기 위해 팀장은 먼저 지금까지 자신의 태도가 어떠했는지를 살펴보고 자신의 태도를 개선하는 노력을 하면서 커뮤니케이션 활성화를 위해 노력하면 된다. 팀장이 자신의 태도는 아랑곳하지 않고 팀 내 대화를 활성화하자고 제안하면 구성원들은 겉으로는 좋다고 하면서도 속으로 자기부터 먼저 바꾸지 하는 냉소적 생각을 가질 것이다.

팀 내 커뮤니케이션 활성화의 출발점은 리더 자신의 변화 노력이다. 그래서 팀장은 자신과 팀을 위해서 먼저 자기 자신을 바꾸고자 하는 결단을 해야 한다. 팀을 바꾸고 싶으면 자기 자신부터 먼저 바꿀 수 있는 용기가 필요하다.

팀 내 커뮤니케이션 활성화가 필요하다고 생각만 하는 것으로는 아무런 변화가 일어나지 않는다. 구체적인 행동을 위한 팀장의 결단과 용기 그리고 과감한 실천만이 변화를 가져올 뿐이다.

재미있는 일터를 향한 리더의 명상

성공의 열쇠는 열심히 일하면서 승패에 관계없이
지금 자신이 하고 있는 일에 최선을 다하는 데 있다.

- 빈스 롬바르디 -

Part 7
일터에 축하 활동이 넘치게 하라

구성원들의 웃음과 박수가 끊임없이 이어지는 축하 활동이 창의적으로 진행되고 있는가? 구성원들의 크고 작은 성취, 특별한 날들을 서로 인정하고 격려하는 인간석인 일터를 구현하고 있는가?

일터에 축하 활동이
많아야 하는 이유

사회와 조직에서 크고 작은 축하 활동은 인간의 가치와 존엄 그리고 공동체를 확인하는 의식이다. 일터에서 축하 활동은 당사자인 개인에게는 소속감을 증진시키고, 전체 구성원들에게는 공동체 의식을 강화하는 효과가 있다.

일터에서 구성원들이 이룩한 크고 작은 성과와 개인적인 특별한 날이나 사건을 축하한다는 것은 부서 구성원들의 가치와 존엄을 확인하는 일종의 의식이다. 이러한 축하 활동은 축하를 받는 사람과 축하해 주는 사람 간에 공동체적 유대를 강화시켜 일터의 공동체 의식을 높이는 역할을 한다. 공동체 의식은 팀 내 구성원들 간의 자발적 협력을 증진시켜 팀 성과를 높이는 데 기여한다.

부서의 한 구성원이 특별한 성과를 내었을 때 모두가 기쁜 마음으로 그 구성원을 인정하는 것은 그 구성원의 성과가 바로 우리 모두의 성과임을 인정하는 것이다. 마찬가지로 한 구성원의 생일이나 결혼기념일을 축하하는 것은 그 구성원이 우리 부서에서 소중한 존재임을 확인하는 과정이다. 따라서 리더가 구성원들의 활동과 특별한 날을 축하하는 것은 구성원에 대한 관심과 배려 그리고 애정을 표현하는 방법이다.

일터에서의 크고 작은 축하 활동은 그 당사자에게 특별한 의미와 동기를 부여한다. 구성원의 입장에서 볼 때, 다른 사람들이 자신을 인정하고 축하해 주면 자신의 활동에 대한 동기와 일에 대한 의욕이 한층 더 높아진다. 단지 말로만 수고했다거나 잘했다는 것이 아니라 비록 작지만 특별한 방법으로 축하해 줄 때, 당사자는 자신의 노력에 대해 자부심을 느낀다. 또한 이러한 축하 활동은 부서에 대한 소속감과 공동체 의식을 높이는 데에 도움이 된다. 자신의 특별한 성과나 개인적인 특별한 날을 부서 전체가 축하해 줄 때, 그 당사자는 소속 부서에 대한 고마움과 더불어 공동체에 대한 자부심이 높아진다. 이처럼 축하 활동은 부서 구성원들 모두가 하나 됨을 느낄 수 있는 행사로 개인과 공동체 간의 유대감을 깊게 한다. 나아가 크고 작은 일들을 축하해 주는 일터의 문화는 구성원들의 긍정적인 사고를 강화시켜 일하는 재미를 더해 준다. 그러나 축하 활동이 의례적인 형식으로 흐른다면 이는 남들이 하니까 우리도 한다는 생각을 갖게 만든다. 따라서 축하 활동은 당사자들이 특별한 의미를 느낄 수 있도록 창의적인 아이디어를 활용해 특별한 날에 특별한 영웅이 탄생할 수 있도록 정성을 깃들여야 한다.

재미있는 일터를 향한 리더의 여섯 번째 선언문

나는 부하 직원들을 존중한다.
나는 부하 직원들을 사랑한다.
나는 부하 직원들을 인정한다.
나는 부하 직원들의 성장을 돕는다.
나는 부하 직원들의 성공을 지원한다.
나는 부하 직원들의 존재를 소중하게 여긴다.
나는 부하 직원들의 자부심에 불을 붙인다.

나는 이러한 마음을 아주 특별한 축하 활동으로 부하 직원들에게 전할 것이다. 나의 부하 직원들은 아주 고유한 존재로 이 세상에 태어났다. 또한 그들은 무한한 가능성과 재능을 가지고 있다. 나는 리더로서 그들의 재능과 가능성이 끝없이 피어날 수 있도록 도와주어야 할 의무가 있다. 나는 리더로서 부하 직원들이 자신의 내면에 숨겨진 가능성과 재능을 밖으로 끄집어낼 수 있도록 자긍심을 높여 주어야 할 의무가 있다. 나는 리더로서 부하 직원들이 자신의 일에 성공하기 위하여 노력하고 그 결실을 맺을 수 있도록 그들의 존재 가치를 인정해 줄 의무가 있다. 나는 리더로서 부하 직원들이 자신의 존엄성을 확인하고 자신의 가치를 느낄 수 있도록 도와 줄 의무가 있다.

그렇다. 나는 이 모든 의무를 수행하기 위해 지금 이 자리에 있다. 나는 나의 의무에 충실한 리더가 되기 위해 지금 이 자리에 있다. 그 첫걸음으로 나는 부하 직원들의 가치와 성과를 인정해 주고 격려하는 여러 가지 축하 활동을 펼칠 것이다. 나의 부서에는 날마다 크고 작은 축제가 벌어질 것이다. 그래서 부하 직원들은 춤추고 노래하듯 흥에 겨워 일하면서 자신의 일터를 사랑할 것이다. 나의 축하 활동은 부하 직원들의 상상을 뛰어넘을 만큼 파격적이고 창의적일 것이다. 그래서 부하 직원들은 업무를 추진할 때에도 파격적인 방법으로 도전해 나갈 것이다.

나는 일 자체가 축제가 될 수 있도록 나의 모든 열정을 쏟을 것이다. 내가 그렇게 할 때, 나의 부하 직원들은 일을 고된 노동으로 보지 않고 신나는 축제로 여길 것이다. 나의 부하 직원들은 서로를 축하해 주는 활동을 하면서 하나가 되어 갈 것이다. 그들은 다양한 축하 활동을 통하여 공동체의 일원임을 자랑스럽게 여길 것이다. 그들은 축하 활동을 통하여 서로의 가치를 인정하고 존중할 것이다. 나는 크고 작은 축하 활동 속에 날마다 웃음이 넘치는 일터를 만들어 갈 것이다. 나와 함께 일하는 부하 직원들은 내일 또 깜짝 놀랄 만한 일이 벌어질 것이라는 기대와 설렘으로 하루를 마감할 것이다. 나는 이제 부하 직원들을 위하는 일이라면 나의 체면, 권위, 위선, 안이함을 과감하게 떨쳐 버릴 것이다.

그렇다. 나는 부하 직원들을 위하는 일이라면 어떠한 수고도 마다하지 않을 것이다. 나는 마음을 낮추어 부하 직원들에게 봉사하고 헌신할 때 훌륭한 리더로 거듭날 수 있음을 확신한다. 나는 실패하는 리더가 되기 위해 여기 있는 것이 아니라 훌륭한 리더가 되기 위해 이 자리에 서 있다. 나는 평범한 리더의 길을 거부한다. 내게 있어 평범함은 현실에 안주하는 나태함과 패배를 의미한다. 나는 패배자의 길을 가기 위해 리더가 되지는 않았다. 나는 승리하는 삶을 살기 위해 리더로서의 의무와 책임을 받아들인다. 나는 부하 직원들의 고유한 존재가 특별한 의미를 가질 수 있도록 서번트 리더십을 발휘할 것이다.

날마다 웃음이 터져 나오는 일터!
형식을 버리고 서로의 마음을 배려해 주며 협력하는 일터!
튀는 유머로 일하는 재미를 더해 가는 일터!
사람에 대한 존중심이 배어 있는 일터!
일 자체가 축제가 될 만큼 크고 작은 축하 활동이 넘치는 일터!
탁월한 결과를 만들어 가는 팀원들이 넘쳐나는 일터!
일하는 가운데 하나 되는 마음이 묻어나는 일터!

나는 리더로서 이러한 일터를 꿈꾸며 새롭게 도전하고 또 도전할 것이다. 나의 도전은 새로운 부서 문화를 만들어 낼 것이다. 그래서 훗날 언젠가 내가 지금의 지위를 내놓을 때, 나의 부하 직원들은 나에게 이런 말을 할 것이다.

    정말 훌륭한 리더였습니다!
    가장 훌륭한 인생의 선배였습니다!
    가장 훌륭한 스승이었습니다!
    가장 훌륭한 협력자였습니다!
    가장 훌륭한 상담자였습니다!
    서번트 리더의 새로운 지평을 열어 주셨습니다!

그날을 꿈꾸며 나는 오늘의 적막함과 고독함도 과감히 떨쳐 버릴 것이다. 그날을 꿈꾸며 나는 주위의 눈총이나 시기나 냉소도 떨쳐 버릴 것이다. 그리고 내게 주어진 서번트 리더의 길을 묵묵히 걸어갈 것이다

쿠폰 활용으로
축하의 의미를 배가시켜라

　세상에 귀빠진 날처럼 개인에게 의미가 깊은 날은 없다. 그것은 세상을 향해 울음을 터뜨릴 때, 이미 그 존재의 소중함을 아는 모든 사람들이 웃음과 갈채를 보냈기 때문이다. 생일은 누구에게나 가장 특별하고 고유한 날이다. 태어남이 있어 오늘의 일터에 자신이 서 있을 수 있었다. 그래서 특별한 생일날, 누구나 특별한 축하 활동을 기대한다.

　대부분의 일터에서 구성원들의 생일이 다가오면 나름대로 작은 축하 활동이 있다. 하지만 많은 경우 작은 케이크와 더불어 생일 축하 노래로 조그마한 행사를 한다. 참으로 진부한 축하 활동이다. 생일날마다 이런 축하 활동이 반복된다면, 구성원들은 생일의 의미를 별다르게 생각하지 않게 된다. 의례적인 행사 정도로 여길 뿐이다. 하지만 부서에서 생일 축하는 구성원들에 대한 리더의 특별한 관심을 보일 수 있는 좋은 기회이다. 지금 당장 형식적인 축하 활동을 취소하라. 평범한 축하 활동을 멈추어라. 조금만 다르게 생각한다면, 조금만 더 부하 직원들을 배려한다면 같은 비용으로도 얼마든지 다르게 축하 활동을 꾸밀 수 있다.

　예를 들어 생일 쿠폰을 만들어 카드와 함께 구성원에게 전달할 수도 있다. 물론 카드에는 구성원 모두의 축하 메시지와 이름을 적는다. 그리고 구성원의 생일 달에 해당하는 색깔과 꽃으로 장식된 예쁜 봉투를 건넨다. 그 봉투에는 다음과 같은 생일 쿠폰이 들어 있다.

대리 운전 (단 3일 전 예약 필요)
유효 기간 : ○월 ○일 ○시   담당 : ○○○ 대리

커피 두 번 타다 주기
유효 기간 : ○월 ○일 ○시   담당 : ○○○ 사원

30분 이내의 심부름해 주기
유효 기간 : ○월 ○일 ○시   담당 : ○○○ 부장

보고서 교정 봐 주기
유효 기간 : ○월 ○일 ○시   담당 : ○○○ 사원

어깨 두드리고 안마해 주기
유효 기간 : ○월 ○일 ○시   담당 : ○○○ 대리

자료 스크랩 해 주기
유효 기간 : ○월 ○일 ○시   담당 : ○○○ 사원

> 복사 두 번 해 주기
> 유효 기간 : ○월 ○일 ○시   담당 : ○○○ 과장

> 좋아하는 음악 녹음해 주기
> 유효 기간 : ○월 ○일 ○시   담당 : ○○○ 사원

물론 각각의 생일 쿠폰에는 쿠폰을 발행한 구성원의 이름과 유효 기간을 적는다. 그리고 구성원들이 원한다면 한 장이 아니라 여러 장의 쿠폰을 발행할 수도 있다. 그래서 쿠폰을 받은 사람은 유효 기간 내에 그 쿠폰을 사용하면 된다. 생일 파티에서 쿠폰을 받은 사람은 각각의 쿠폰 내용을 큰 소리로 읽도록 한다. 이런 아이디어는 서로에 대한 구성원들의 배려와 관심을 높일 수 있는 활동이다. 쿠폰 내용은 생일을 축하해 주는 구성원들이 자신이 해 주고 싶은 것, 또는 상대방이 필요할 것이라고 생각되는 작은 행동으로 한다. 생일을 맞은 사람은 쿠폰을 다 사용했을 때, 컴퓨터로 재미있는 그림을 넣은 감사 카드를 만들어 해당 구성원에게 전달한다.

액션 화두
나는 리더로서 구성원들의 생일 축하 파티를 얼마나 재미있게 이끌고 있는가?

생일을 특별한 날로 기억할 수 있게 하라

　조금만 창의적으로 생각하면 생일을 기억에 남을 아주 특별한 날로 만들 수 있다. 예컨대 부서에서 구성원의 생일이 돌아올 때, 생일 전날에 구성원의 책상이나 근무 자리를 아주 색다르게 꾸며 준다. 풍선, 색종이, 화분, 축하 메시지 및 다양한 장식품 등을 사용하여 생일을 맞이한 구성원의 자리를 장식한다.

　생일을 맞은 구성원이 아침에 출근하자마자 자신의 자리가 전혀 다르게 꾸며져 있는 것을 보면 깜짝 놀랄 것이다. 그러면서 저절로 동료와 상사에 대하여 고마운 생각이 들 것이다. 그리고 하루 중 적당한 시간을 정해 그 시간이 되면 부서의 모든 구성원들이 생일을 맞은 주인공의 자리로 몰려와 생일 축하 노래를 불러 준다. 물론 그 시간은 사전에 비밀로 정해 놓는다. 일단 생일 축하 노래가 끝나면 가사를 개사한 곡을 하나 더 불러 준다. 그리고 간단한 축하의 말과 더불어 작은 선물을 전달한다. 이러한 방법은 일종의 깜짝쇼surprise party를 활용한 방법이다.

　구성원의 취미를 파악하여 이를 생일 축하에 활용하는 것도 좋은 방법이다. 만일 생일을 맞은 구성원이 야구광이라면, 야구 경기 관람권 또는 야구 관련 책이나 잡지를 사서 구성원들의 축하 메시지를 담아 선물로 전달한다. 부부 외식권, 영화 관람권, 구성원 모두의 얼굴이 찍힌 티셔츠 등도 좋은 선물이다. 또한 일하는 도중에 생일을 맞은 구성원의 애인 또는 배우자와 가족을 초청하여 잠시 생일 파티를 하는 것도 좋은 방법이다. 흔히 회사는 가족들이 업무 중에는 찾아올 수 없는 것처럼 여겨지고 있다. 그러나 이런 풍토를 깨는 것도 일터를 재미있게 만드는 방법이다. 해당 구성원이 소중하다면 구성원의 가족 역시 더없이 소중한 존재이기 때문이다.

이처럼 독특한 방법으로 생일을 축하해 줄 때, 가능하다면 매번 새로운 아이디어를 동원하도록 한다. 그러나 리더가 계속 새로운 아이디어를 내놓을 수는 없다. 따라서 부서에서 두 명이 한 조가 되어 교대로 생일 파티를 창의적으로 준비하도록 한다.

액션 화두
나는 리더로서 구성원들의 생일을 어떻게 독특하게 축하해 주고 있는가?

월급날에 특별한 관심을 표하라

부서를 책임지고 있는 리더로서 구성원들의 월급날을 어떻게 보내는가? 대부분의 경우 급여가 통장으로 자동 이체 되기 때문에 아무 일도 없는 듯이 지나치거나 몇 명이 함께 회식을 하는 정도다. 만일 리더가 구성원들에게 한 달 동안 수고 많았다는 뜻으로 색다른 방법으로 감사와 축하의 의미를 전달한다면 이날 부서의 분위기는 한층 더 밝아질 것이다. 리더가 조금만 수고한다면 구성원들은 일해 주고 돈 받아 간다는 이상의 의미를 가질 수 있다. 특히 월급날은 매월 일정한 날에 돌아오는 만큼 이날의 작은 축하 활동을 부서의 전통으로 만들 수 있다.

이때 사용할 수 있는 작은 아이디어로 리더가 팬시 용품점에 들러 작고 예쁘게 디자인되어 있는 봉투를 구입한 다음에 사탕을 서너 개 넣어 감사의 메시지와 함께 구성원들에게 돌린다. 메시지에는 한 달간의 수고와 노력에 대한 감사와 축하의 내용을 짤막하게 담는다. 이때 사용하는 사탕은 달마다 특색을 보여 주는 것으로 하면 더욱 좋다. 예를 들어 1월에는 흰 눈을 상징하는 박하사탕, 2월에는 환절기라 감기에 많이 걸리므로 목 사탕, 3월에는 파릇이 돋아나는 새싹을 상징하는 연둣빛 멜론 사탕 등 계절의 감각을 살리면 더욱 의미 있다.

액션 화두

나는 리더로서 월급날 구성원들의 수고를 어떻게 축하해 주고 있는가?

악수하는 날을 정하라

날마다 대하는 사람들과의 인사는 의례적인 경우가 많다. 대부분의 경우 부서 구성원들 간의 아침 인사는 지극히 형식적이다. 일상 업무 생활에서 사람들은 날마다 만난다는 이유로 서로에 대한 특별한 의미를 잊고 지낸다. 그만큼 부서 생활이 단조롭다.

매주 월요일을 악수하면서 인사하는 날로 정한다. 월요일 아침에 서로 악수를 하면서 인사한다면 한 주의 출발이 보다 경쾌해질 수 있다. 이처럼 사소해 보이는 활동이지만 서로 손을 맞잡고 격려의 말 한마디를 건네면 서로에게 활력을 불어넣을 수 있다.

리더는 '악수의 날'에 대한 취지를 간략히 설명하고 매주 월요일이 되면, 먼저 구성원들에게 악수를 청하면서 격려의 말을 한마디 보탠다. 구성원들도 서로 돌아가면서 악수를 청하고 서로에게 격려의 말을 하도록 한다. '악수의 날'을 상기시키기 위해 리더는 재미있는 포스터를 만들어 매주 월요일 날 아침에 구성원들이 가장 잘 볼 수 있는 장소에 붙여 둔다. 가끔씩 포스터와 표어를 바꾸는 것도 좋다.

〈한 주를 시작할 때 사용할 수 있는 격려의 말들〉

이번 주도 즐겁게 일합시다!

이번 주에는 대박 한번 터뜨려 봅시다!

이번 주도 멋진 팀워크를 이루어 봅시다!

날마다 기분 좋은 한 주가 되기 바랍니다!

내가 도울 수 있는 일은 무엇이든 해 드리겠습니다!

이번 주도 가족의 행복을 위하여 힘차게 뛰어 봅시다!

목표를 초과 달성하는 주말을 기대해 봅시다!

액션 화두

나는 리더로서 부서에 활력을 높이기 위하여 한 주를 어떻게 시작하는가?

부하 직원의 날을 제정하라

「부하 직원의 날」은 상사가 부하 직원들의 노력에 대하여 특별히 감사를 표시하고 인정해 주는 날이다. 리더는 매월 특정 주의 하루를 「부하 직원의 날」로 지정하여 그들의 업무 활동에 대해 다양한 형태로 감사와 인정을 표시한다. 예컨대 매월 첫째 주의 목요일을 부하 직원의 날로 정할 수 있다. 「부하 직원의 날」이 돌아오면 직속 부하 직원이 있는 리더는 부하 직원들에게 '오늘은 당신을 위한 특별한 날입니다!It's your special day!'라는 카드나 표어를 컴퓨터로 출력하여 부하 직원의 책상에 붙여 준다. 아니면 작은 빈병 또는 빈 캔에 '부하 직원의 날'이라는 작은 표지를 붙여 꽃 한 송이를 꽂아 부하 직원의 책상에 올려놓는다. 또 다른 방법으로는 그동안 부하 직원의 노력에 감사하는 짧은 글귀를 컴퓨터로 뽑아 부하 직원의 책상에 올려놓는다. 리더는 「부하 직원의 날」이라는 표지를 자신의 책상에도 붙여 놓고 그날 하루는 부하 직원들의 고마움을 마음에 새기면서 일을 한다.

「부하 직원의 날」은 리더가 부하 직원의 노력과 수고에 감사하는 날인 만큼 이날은 부서에서 자신의 직속 부하 직원들에게 한 가지 이상 감사의 표시를 하도록 한다. 예컨대 음료수를 갖다 주거나, 커피를 타다 주거나, 작은 사탕 봉지를 선물하거나, 영화 관람권을 선물하거나, 도서 상품권을 선물하거나, 특정 책을 선물하는 등 다양한 형태로 감사를 표시한다. 더운 여름에는 부서에서 수박 파티를 열 수도 있다. 계절에 따라 사과나 귤에 감사의 말이 적힌 스티커를 붙여 부하 직원들의 책상에 갖다 놓는다. 부하 직원의 숫자가 많을 때에는 바구니를 구해서 사탕, 과자 또는 과일을 담아 놓고 부하 직원들에게 전하는 감사 메시지를 꽂아서 다수의 부하 직원들이 쉽게 접근할 수 있는 곳에 놓아 둔다. 그리고 그날은 다른 때보다도 부하 직원들에게 더 많은 칭찬을 하도록 한다. 부하 직원의 날에 할 수 있는 활동은 많지만, 중요한 것은 리더가 이날 하루는 부하 직원들이 즐겁게 일할 수 있도록 말 한 마디를 하더라도 보다 세심한 배려와 노력을 보이도록 한다.

액션 화두

나는 리더로서 매월 정기적으로 부하 직원들에게 감사의 마음을 어떻게 전하고 있는가?

상사의 날을 제정하라

상사와 부하 직원과의 관계를 개선하는 데 도움이 되는 재미있는 방법의 하나는 「상사의 날」을 제정하는 것이다. 「상사의 날」은 「부하 직원의 날」과 대칭되는 개념으로 매월 첫째 주의 목요일을 「부하 직원의 날」로 정했다면, 매월 셋째 주의 목요일을 「상사의 날」로 정한다. 구체적인 날짜는 부서에서 서로 토의하여 정한다.

「상사의 날」은 부하 직원이 상사의 노력에 감사를 표현하는 날이다. 이날이 되면 부하 직원들은 자신의 책상에 「상사의 날」이라는 표지를 붙이고, 상사의 책상에는 '당신은 나의 특별한 상사입니다!You are my special boss!'라는 표어를 붙여 이날을 축하한다. 그리고 이날 하루는 상사의 노고를 생각하면서 근무하도록 한다. 이때 구성원들은 하루 중 적당한 때에 자신의 직속 상사에게 간단한 카드 또는 이메일에 고마움을 담아 전달한다. 아니면 하루 중 적당한 때에 모든 부하 직원들이 상사에게 달려가 노래를 하나 불러 주면서 상사에 대한 고마움의 표시로 힘찬 박수를 보낸다.

또 다른 아이디어로는 부서 구성원들이 자신의 상사를 초청해서 간단히 감사의 인사를 하고 작은 선물을 전하는 것을 생각해 볼 수 있다. 선물로는 사탕을 담은 머그컵, 도서, 꽃, 영화 관람권 등 다양한 것이 될 수 있다. 부하 직원들은 상사의 날을 주제로 한 포스터와 표어를 컴퓨터로 출력하여 구성원 모두가 볼 수 있는 곳에 붙여 둔다. 이때 가급적 표현을 코믹하게 해서 보는 사람들로 하여금 웃음이 나오게 한다. 이러한 포스터나 표어를 모아 바인더에 철해 두면 부서의 귀한 역사 자료가 될 수 있다. 앞에서 제안한 「부하 직원의 날」과 더불어 「상사의 날」을 제정하는 것은 상하 간의 이해와 유대감을 강화하는 데 도움이 된다. 이처럼 상하 간에 서로 특별한 날을 만들어 상대방의 입장을 생각하고 상대방에 대한 고마움을 표현한다면 상하 간의 유대를 강화하는 데 도움이 된다.

액션 화두
나는 리더로서 상하 간의 관계를 강화할 수 있도록 어떤 활동을 하고 있는가?

액션 아이디어 61. 출장자를 특별하게 대해 주라

업무나 교육 등 2~3일 이상 출장을 가는 구성원이 있다면 잘 다녀오라는 뜻에서 출장 전날 당사자의 책상에 예쁜 카드와 더불어 꽃 한 송이를 올려놓는다. 이러한 배려는 단지 말로만 '잘 다녀오라'고 하는 것과는 차이가 있다. 이러한 카드를 받은 구성원은 상사와 구성원들의 따뜻한 배려에 고마움을 느끼며 스스로 잘해야겠다는 생각을 갖게 된다. 이때 사용할 수 있는 것으로는 꽃 이외에도 종이학, 작은 시집, 작은 액세서리, 작은 인형, 사탕, 초콜릿 등 다양한 것들이 있다. 아니면 종이컵에 간단한 메시지를 적은 다음에 녹차나 커피를 담아 책상에 올려놓을 수도 있다.

출장 후 돌아오는 날에도 책상에 수고했다는 뜻의 메시지와 더불어 작은 정성을 올려놓는다. 중요한 것은 출장을 가는 날과 돌아오는 날에 색다른 방법으로 해당 구성원에게 관심을 표시하는 것이다.

액션 화두
나는 리더로서 구성원들이 출장을 가거나 돌아올 때 어떻게 대하고 있는가?

업무 성과를 특별하게 축하하라

사람들은 칭찬이나 인정을 받으면, 자긍심은 물론 자기 일에 대한 자부심도 높아진다. 특히 리더가 구성원들의 크고 작은 성과에 대해 특별한 방법으로 인정해 주거나 칭찬해 준다면, 일에 대한 사기가 더욱 높아지고 열심히 하고자 하는 동기가 유발된다. 구성원들의 성과에 대한 여러 연구를 보면 돈과 관련한 인센티브보다 더 중요한 것이 상사의 인정이다. 그러나 대부분의 부서에서 리더는 구성원들의 크고 작은 성과에 대해 그저 수고했다거나 잘했다는 식의 형식적인 인사치레로 끝내는 경우가 많다. 리더의 이런 태도는 구성원의 입장에서 볼 때 여간 실망스러운 것이 아니다.

리더가 구성원들의 크고 작은 성과를 특별한 방법으로 인정해 줄 때 구성원들의 사기와 활력이 자연스럽게 높아진다. 리더는 다음과 같은 방법을 활용하여 성과를 낸 구성원들을 특별하게 인정할 수 있다.

- 부서 회의 때 성과를 낸 구성원을 불러 칭찬과 격려가 담긴 카드와 함께 재미있는 선물을 건네준다.

- 어느 날 갑자기 리본과 메달이 그려진 감사와 격려의 메시지를 컴퓨터로 출력해 해당 구성원의 책상에 붙여 준다.

- 환하게 웃는 구성원의 모습이 담긴 사진을 스캔한 다음에 격려와 감사의 메시지를 적어 컴퓨터로 출력해서 부서의 벽에 걸어 둔다.

- 구성원의 성과에 대한 인정의 표시로 빈 병에 색종이와 격려의 메시지를 붙인 다음, 구성원의 이름과 성과에 대한 칭찬이 담긴 깃발을 그 병에 꽂아 해당 구성원의 책상에 올려놓는다.

- A4 크기의 컬러 용지를 컴퓨터로 간결하게 디자인한 다음에 특별히 수고했거나 성과를 낸 구성원의 이름을 적은 후 부서 구성원

들에게 각자 자신의 이름과 더불어 칭찬과 인정의 메시지를 적도록 한다. 그런 다음 그 용지를 말아 리본을 붙인 다음, 작은 선물과 더불어 해당 구성원에게 전달한다.

이처럼 부서의 구성원들 중에서 특별히 성과를 낸 사람이나 어려운 과제를 해결한 사람이 있으면 다양한 방법으로 축하해 준다. 이러한 활동의 핵심은 크고 작은 성과를 특별한 방법으로 인정해 줌으로써 구성원들의 사기를 높이고 자부심을 강화하는 데 있다. 성과에 대한 인정은 해당 구성원의 동기를 강화하는 데에도 큰 도움이 된다.

액션 화두
나는 리더로서 구성원들의 크고 작은 성과를 특별한 방법으로 인정해 주고 있는가?

새로운 구성원을 특별한 방법으로 축하해 주라

부서에 새로운 구성원이 합류했을 때 특별한 방법으로 축하해 준다. 처음 출근하는 날 해당 사원의 책상을 특별하게 가꾸고, 부서의 파티션 위에 환영의 깃발을 꽂아 둔다. 깃발은 컴퓨터로 그 모양과 그림을 디자인한 다음 환영의 메시지를 담아 출력해 사용한다. 이때 문구점에서 막대를 구입하거나 음료수를 마실 때 사용하는 플라스틱 빨대를 깃대로 활용한다. 깃발은 충분하게 제작해서 파티션 위나 적절한 공간에 촘촘하게 꽂아 둔다.

당사자의 책상에는 풍선도 몇 개 붙여 두고, 작은 화분이나 꽃바구니를 올려놓는다. 또한 부서 구성원들 전부가 서명한 환영 메시지도 함께 올려놓는다. 이때 부서 구성원들이 어떠한 가치를 중심으로 일을 하고 있으며, 앞으로 어떻게 함께 일하고 싶다는 기대를 담은 메시지를 한 장 출력하여 책상에 올려놓는다. 그리고 또 한 장의 종이에는 앞으로 부서 구성원들 각자가 새로운 사람에게 어떤 도움을 줄 수 있는지도 한두 줄씩 적어 놓는다. 이것은 부서 구성원들 모두가 언제든 새로 온 구성원을 돕기 위하여 준비가 되어 있음을 알리는 메시지이기도 하다.

액션 화두
나는 리더로서 새로 온 구성원을 어떤 특별한 방법으로 맞이하는가?

창사 기념일을 특별하게 축하하라

대부분의 기업은 회사를 설립한 날이 돌아오면 회사 차원의 기념 행사를 갖는다. 그러나 부서 차원에서 창사 기념일과 관련한 특별 행사는 거의 없다. 구성원들은 창사 기념 행사를 회사의 일로만 여겨 그저 참가하는 정도에 그친다. 그러나 부서를 좀 더 재미있게 하려면 회사의 창사 기념일을 전후해서 부서 내에 소규모의 작은 활동을 전개해, 창사 기념일을 부서가 단합하는 기회로 활용한다. 그러면 회사의 창사 기념일은 부서원들에게 특별한 의미로 다가온다. 리더는 부서 차원에서 소규모의 특별한 행사를 준비하여 창사 기념일이 낀 한 주간을 의미있게 만들 필요가 있다. 이러한 활동은 구성원들에게 조직과 부서에 대한 자부심과 일에 대한 의욕을 높여 준다.

〈창사 기념일을 맞아 부서에서 할 수 있는 소규모 활동의 예〉

- 창사 기념 가족 소개

구성원들이 각자 자신의 가족을 소개하는 글을 한 페이지 정도 작성하고 가족 사진을 붙여 부서 구성원들의 수만큼 복사한 다음 이를 서로 나누어 주는 활동을 한다. 이때 커피 타임을 만들어 구성원들이 다른 사람들의 것을 서로 읽어 볼 수 있는 시간을 함께 갖도록 한다.

■ 창사 기념 가족 사진전

부서 구성원들이 전년도에 자신의 가족들과 함께 찍은 사진 중에서 가장 재미있고 특이하다고 생각되는 것들을 가지고 와서 부서의 한 벽을 장식하도록 한다. 그리고 가장 재미있다고 생각되는 사진에 스티커를 하나씩 붙이도록 하여 '제○○회 창사 기념 부서 가족 사진 시상식'을 간단하게 시행한다. 이때 주어지는 상품은 창사 기념과 관련되는 것으로 하면 좋다.

■ 창사 기념 나의 사진전

부서 구성원들이 각자 20년 전 또는 10년 전 사진을 가지고 와서 부서의 한 벽면에 전시한다. 또는 부서 구성원들의 첫돌 사진이나 어린 시절의 사진을 전시하는 것도 재미를 더해 준다. 옛날 사진 전시는 개인적인 추억을 다시 떠올릴 수 있는 활동이다. 이때 구성원들이 서로의 옛날 사진을 보면서 모두 향수에 젖어 옛날 이야기를 하는 가운데 서로 동질감을 느낄 수 있다.

■ 창사 기념 부서 최고상 시상

구성원들이 창사 기념일을 맞아 부서 내에서 최고를 뽑는 행사를 한다. 예를 들어 미스터 스마일상, 미스터 최고상, 최고 근육상, 최고 빼빼상, 최고 친절상 등 다양한 종류의 상을 만들어 준다. 이때 상장은 컴퓨터로 만들며, 상품은 재미있는 것으로 간단하게 준비한다. 예를 들어 최고 근육상에는 퍼스를, 미스터 최고상에는 칫솔 또는 비누를, 최고 빼빼상에는 햄을, 최고 스마일상에는 풍선을, 최고 친절상에는 앞치마를 부상으로 줄 수도 있다.

■ 창사 기념 아이스크림 파티
근무 중 오후에 약 15분 정도 함께 모여 아이스크림을 먹으면서 대화를 나눈다. 이때 아이스크림은 리더가 직접 서빙한다.

■ 창사 기념 제안 활동
창사 기념일을 맞아 부서를 보다 재미있는 일터로 만들기 위한 아이디어를 공모하고 이를 큰 글씨로 인쇄하여 부서의 벽면에 붙여둔다. 구성원들이 서로의 아이디어를 보면서 가장 우수한 아이디어를 선정하도록 한 다음에 이를 간단하게 포상한다.

■ 창사 기념 부서 시 낭독회
창사 기념 주간을 맞아 구성원들은 자신이 좋아하는 시를 하나씩 선정하여 함께 모인 자리에서 그것을 낭독하고 자신이 좋아하는 이유를 간단하게 설명한다. 시는 사람들의 마음을 풍요롭게 만든다. 이 활동을 위해 먼저 시간과 장소를 간단하게 공고한 다음 모든 구성원들이 한자리에 모여 시 낭독회를 가진다. 이때 리더는 시를 가장 감미롭게 읽은 사람에 대한 시상과 더불어 구성원들이 뽑은 '다시 듣고 싶은 좋은 시'에 대한 시상을 간단히 한다.

창사 기념일을 전후한 일주일 동안 리더는 구성원들과 함께 이러한 소규모 활동을 다양하게 시행함으로써 구성원들이 회사에 대해 더 많은 관심을 갖도록 한다. 이처럼 리더의 작은 노력은 회사와 부서에 대한 구성원들의 자부심을 높이고 부서에 활력을 가져오는 원동력이다.

액션 화두
나는 리더로서 회사 창사 기념 주간이 돌아오면 부서의 분위기를 어떻게 새롭게 가꾸는가?

부서 타임캡슐을 활용하라

조직 생활을 하면서 대부분의 구성원들은 한 해를 맞이할 때 나름대로 새로운 각오를 하지만, 그러한 각오는 불과 며칠 가지 못한다. 회사의 시무식 또한 딱딱하고 형식적인 경우가 많다. 또한 한해를 마감하는 날도 이렇다 할 활동 없이 끝난다. 그러나 리더가 조금만 다르게 생각하고 약간의 수고만 하면 연초와 연말을 좀 더 재미있게 보낼 수 있다.

리더는 한 해를 시작할 때 구성원들이 남다른 생각과 각오를 가지고 일할 수 있도록 '부서 타임캡슐' 활동을 실시한다. 먼저 한 해를 시작하는 연초가 되면 부서 구성원들 각자가 자신의 부서가 어떤 모습으로 일을 했으면 좋겠다는 소망과 자신은 일 년 동안 어떤 마음가짐으로 보내겠다는 다짐을 적어서 접은 다음에 특별히 마련된 박스에 넣어 봉한다. 그리고 구성원 모두 앞으로 일 년 동안 열심히 일하자는 다짐을 한다.

리더는 타임캡슐 박스를 구성원들이 잘 볼 수 있는 곳에 일 년 동안 보관한다. 그리고 한 해를 마감하는 날이 돌아오면 리더는 구성원들과 함께 모여 연초에 봉해 두었던 타임캡슐 박스를 열어 그 안에 있는 내용을 서로 돌아가면서 큰 소리로 읽어 주고 한 해를 회고하는 시간을 갖는다. 리더는 이러한 활동을 부서의 전통과 문화로 자리매김할 수 있도록 매년 개최한다.

액션 화두
나는 리더로서 어떤 특별한 방법으로 한해를 시작하고 또 마무리하는가?

승진과 승격을 특별하게 축하하라

부서 구성원들 중에 승진 또는 승격을 한 사람이 있으면 대개의 경우 축하한다는 말이나 술자리를 마련하는 정도로 끝난다. 당사자들은 마음속으로는 특별한 느낌이 들지만 내색을 하지 않는다. 물론 승진과 승격에서 탈락한 구성원들 때문에 아무런 활동없이 지내기도 한다. 그러나 이런 분위기는 부서에 활력을 높이고 서로 격려하는 분위기를 조성하는 데 아무런 도움도 되지 못한다.

부서에서 새롭게 승진하거나 승격한 사람이 있으면 리더는 이들이 특별한 느낌을 가질 수 있는 작은 활동을 준비한다. 우선 리더 자신이 승진 또는 승격자의 책상에 작은 꽃바구니를 축하 메시지와 함께 갖다 놓는다. 두 명 정도의 다른 구성원들은 주인공의 책상을 풍선과 재미있는 표어로 장식한다. 물론 축하한다는 깃발도 하나 제작해 꽂아 둔다. 그리고 회의 시간에 승진 또는 승격한 사람을 축하해 주며 재미있는 선물을 포장하여 건네준다. 이때 재미있는 선물로 양말, 팬티, 행주, 수세미 등 엉뚱한 것을 넣어 모두 한바탕 웃을 수 있도록 한다.

액션 화두

나는 리더로서 승진 또는 승격한 부하 직원들을 어떤 특별한 방식으로 축하해 주는가?

칭찬하는 날을 제정하라

건강한 나무는 좋은 거름과 풍부한 물과 따뜻한 햇빛으로 가꾸어진다. 건강한 나무처럼 좋은 부서의 좋은 구성원들은 칭찬과 격려와 인정을 통해 성장한다. 리더는 재미있는 일터를 만들기 위하여 매주 특정 요일을 「칭찬의 날」로 정한다. 그래서 구성원들이 서로 칭찬을 많이 하도록 격려한다. 이날은 부서에서의 하루 일과가 칭찬으로 시작해서 칭찬으로 끝날 수 있도록 한다. 아침 인사부터 시작해서 서로 만나서 대화할 때나, 회의할 때, 보고할 때, 퇴근할 때 등 하루 종일 서로에 대한 칭찬이 넘치도록 한다. 칭찬의 날을 의미있게 하기 위하여 부서에 큰 바구니를 만들어 칭찬의 말 대신 엉뚱한 말을 한 구성원들은 '칭찬 과태료' 천 원씩을 내도록 한다.

「칭찬의 날」에는 부서의 파티션 또는 책상에 '칭찬합시다'라는 노란색의 작은 깃발 내지는 표어를 부착해서 칭찬을 장려하는 분위기를 조성한다. 물론 깃발이나 표어에 '스마일', '박수치는 손' 등을 넣는 것도 좋은 방법이다. 필요하다면 부서의 곳곳에 풍선을 달아 분위기를 돋운다.

액션 화두
나는 리더로서 일터의 칭찬하는 분위기를 어떻게 조성하는가?

실천을 위한 작은 용기

지금껏 책을 읽고, 일부 액션 아이디어를 적용해 보았을 것이다. 동시에 이 책에 나와 있는 작은 아이디어를 읽고 더 좋은 액션을 디자인하기도 했을 것이다. 그리고 그 일부를 적용해 보았을 것이다. 처음 적용하고자 했을 때, 지금껏 안 해 본 일을 한다는 어색함 때문에 망설여지기도 했을 것이다. 또한 동료들에게 이상하게 비춰질까봐 멈칫거리기도 했을 것이다. 그럼에도 불구하고 팀을 위한 일이라면 그 모든 어색함을 극복하고자 했던 용기 때문에 작은 실천이 가능했을 것이다.

이 과정에서 변화는 용기 있는 자만이 성취할 수 있다는 것도 깨달았을 것이다. 지금까지의 노력을 바탕으로 이제 진정한 용기를 보여야 할 때가 왔다. 그것은 지금까지 해 본 것을 인내와 노력으로 지속해야 한다. 그리고 좀 더 많은 아이디어를 행동으로 옮겨야 한다. 지금쯤 지난날의 어색함은 아무것도 아님을 깨달았을 것이다. 이제 자신이 맡고 있는 팀을 회사에서 가장 재미있는 팀으로 만들 수 있도록 정말로 용기를 내어 지금까지의 노력을 더 확대해서 지속해야 한다.

그렇다. 실천을 계속해야 한다. 그리고 그런 노력을 강화해야 한다. 더 노력하지 않으면 지금까지의 모든 활동이 물거품이 되어 허공으로 사라질 것이다.

재미있는 일터를 향한 리더의 명상

> 언제나 심사숙고하라. 그러나 행동해야 할 때가 되었을 때,
> 망설이지 말고 곧바로 실천하라.
>
> - 나폴레옹 -

맺음말

　재미있는 일터는 이 책을 읽는 리더의 마음에 달려 있다. 재미있는 일터를 만들겠다는 생각을 실천으로 옮겼을 때 비로소 일터에서 재미가 하나씩 생겨나게 된다.

　지금 이 책을 읽은 리더가 재미있는 일터를 향해 자신의 마음가짐을 새롭게 했다 할지라도 방심해서는 안 된다. 잠시의 흥분과 감격에 취해 조금이라도 머뭇거린다면 지금까지의 흥분과 다짐은 물거품이 되어 버린다. 재미있는 일터를 향한 리더의 노력은 태양을 도는 행성과 같다. 멈추지 않고 계속 움직여야만 궤도를 벗어나지 않고 제자리를 지킬 수 있다.

　리더의 작은 행동 변화가 거대한 조직을 바꾸는 열쇠가 된다는 점을 기억해야 한다. 시도해 보지 않고서는 재미있는 일터에서 솟아나는 사랑, 관심, 지원, 협력, 격려, 칭찬, 고성과, 시너지 효과 등의 결실을 맛볼 수 없다. 이제 리더는 무한한 가능성과 기회가 살아 숨 쉬는 일터를 만들어야 한다. 리더는 조직을 탓해서는 안 되고, 부하 직원을 탓해서도 안 된다. 물론 자신이 원한다면, 그저 그런 리더로 직장 생활을 마감해도 좋다. 그러나 그런 자세는 내 생활뿐만 아니라 구성원들의 생활을 무미건조하게 할 뿐이다.

지금 당장 재미있는 방법으로 구성원들의 상상력과 창의력을 자극해 보라. 피어나는 그들의 재능과 능력에 당신은 입을 다물지 못할 것이다. 그들이 보여 주는 기대 이상의 업무 성과에 리더 자신은 가슴 벅차 오를 것이다. 일터에 열정과 에너지를 불러일으키는 것은 리더의 생각과 행동이다.

지금 이 순간 자신의 일터가 지루하고 답답하게 느껴진다면 다시 이 책의 처음으로 돌아가라. 그것은 재미있는 일터를 향한 정상 궤도에 재진입을 시도하는 것과 같다. 재미있는 일터를 향한 리더의 노력이 잠시 궤도를 이탈했다고 여겨지면 곧바로 이 책을 펴라. 그리고 리더로서 자신이 맹세했던 다짐을 되새겨야 한다. 그것이 자신의 일터를 재미있는 곳으로 만드는 출발점이다. 리더는 이제 날마다 새로운 출발점에 서 있는 느낌으로 자신의 일터를 세상에서 가장 재미있는 곳으로 만들어 가야 할 책임이 있다.

리더가 움직이지 않으면 아무런 변화도 일어나지 않는다. 이제 리더는 구성원들을 섬기는 마음으로 자세를 낮추어 하나씩 변화를 시도하고, 그 변화가 지속될 수 있도록 모든 노력을 다해야 한다. 그것만이 리더로서 자신의 책임을 다하는 것이다.